学んで、
試して、
失敗した。
その人のみが稼げる。
中谷彰宏

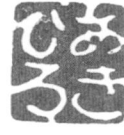

01

プロローグ

海外からの旅行者で、庶民層は、観光と買物をする。富裕層は、勉強と体験をする。

海外から日本に来る観光客は、

① 庶民層

② 富裕層

という2通りに大きく分かれます。

その見分け方はいたってシンプルです。

旅行中にしていることが、はっきり違うからです。

ここに稼げる人になるかどうかのヒントがあります。

庶民層がしていることは、観光と買物です。

名所・旧跡に観光に行って、ショッピングを楽しみます。

一方、富裕層は、観光と買物にはほとんど行きません。

文化財をまわって勉強し、日本の文化を体験します。

文化財施設にはイヤホンガイドがあります。

イヤホンガイドを聞いたり、パンフレットを買って勉強する人が稼げる人です。

絵はがきを買うだけの人は稼げない人です。

稼げない人は、原因と結果の解釈が逆転しています。

「イヤホンガイド500円は高い」とか「パンフレット1000円は高い」と言うのです。

これは大きな間違いです。

「高いから借りない」のではありません。

「借りないから稼げない」のです。

ここに稼げる人と稼げない人の大きな差があります。

「観光・買物」と「勉強・体験」を両方する人は、いないのです。

「旅行」を観光と買物に費やしてしまう人もいれば、勉強と体験に置きかえる人もいるのです。

旅行を学びに結びつけられる人は、学びをお金に結びつけることもできるのです。

稼げるようになる具体例

01

勉強と体験をする旅をしよう。

「学び」を「お金」にかえる勉強

稼げるようになる53の具体例

稼げるようになる53の具体例

「学び」を「お金」にかえる勉強　目次

Chapter 2

いいコーチに出会った人だけが、勝っている。

Chapter 3

稼いでいる人は、行動している。

Chapter 4
稼いでいる人は、小手先で学んだりしない。

Chapter 5

勉強の仕方を学ぶ人が、稼げる。

Chapter 1

「イエス」と「ノー」の間にある、代替案を見つけた人が稼いでいる。

02

稼げない人は、人気のある検定を受ける。稼げる人は、知られていない検定を受ける。

「稼ぐために資格をとったのに、ちっとも稼げない。どうなってるの」

こんな文句を言う人は、稼げない人です。

稼げない人がとっている資格の多くは、人気の資格です。

人気の資格はほとんどの場合、世の中ですでにその資格をとってバリバリ稼いでいる人がたくさんいます。

一方、稼げる人は違う発想をします。

需要より供給が少ない人気のない資格をとるのです。

たとえば、お笑いコンビ・アンジャッシュの渡部建さんは「夜景検定3級」を持っています。

『エンタの神様』で売れている時代に、渡部さんは「これがいつまでも続くとは思わない。売れなくなった時のために何か資格をとっておこう」と思ったそうです。

ここが渡部さんの見識の深いところです。

たまたま新聞で「第1回夜景検定」という募集を見て、「面白そうだから、受けてみよう」ということで受けたのです。

実際に、渡部さんは勉強してこの資格をとりました。

第1回ということもあって、合格についての取材や、検定にまつわる番組の依頼がたくさん来るようになったそうです。

渡部さん自身は、人気があるからその検定を受けたわけではありません。

評価が確定していない第1回目の検定や人気のない資格にこそ、稼げるチャンスがあるのです。

稼げるようになる具体例
02
流行っていないものを、学ぼう。

03

「イエス」と「ノー」の間にある代替案にこそ、稼ぐヒントがある。

子どもの勉強は、基本的に「左の文章が正しければ○、間違っていれば×をつけましょう」という問題ばかりです。

大人の社会には、○と×はほとんどありません。

正しい部分もあれば間違っている部分もあるのです。

メリットもありデメリットもあるという△が多いのです。

メリットだけの○やデメリットだけの×は、社会にはまずありません。

ホテルのコンシェルジュに一番求められるのは、「お客様にノーと言わない」ということです。

ただ、お客様から本当にできないことを言われたときも「イエス」と言ってしまい、ホテルの他の部署のスタッフに「お客様からオーダーがあったので、これをお願いできますか?」とそのまま渡してしまう人は、自分の仕事を完全に放棄しています。

それでは、ただの伝言係です。

そこに、自分で考えたアイデアが一つも入っていません。

付加価値がついていないのです。

「お客様にこう頼まれたのですが、その通りにはできないので、こういうやり方でできませんか?」と具体的にお願いをするのが、本来のサービスマンの仕事です。

「サービスマンはノーとは言わない」というのは、カッコはいいけど、仲間に迷惑をかけては意味がありません。

表面だけのシンプルアンサーを求める人は稼げません。

そういう人は、他の人にシワ寄せを持っていきます。

お客様から言われて単純に「イエス」と言ってできることでは、差がつかないので稼げません。

できないからといって「ノー」と言う人も稼げません。

できないことに対してなんとか代替案を出せる人が稼げるのです。

代替案は、イエスとノーとの間にあります。

大切なことはイエスかノーかで割り切らないことです。

ノーばかりでも、イエスばかりでも、チャンスは来ません。


私の実家は商売をしています。

私は小学生の時に「世の中には危ない話がたくさんある。これに気をつけて避けていたら商売はできないよ」と、父親から教わりました。

危ない話がある中で、口車にのせようとする人はたくさんいます。

口車にのりながらも、「これは口車だ」と意識してチャンスをつかまないと商売では稼げないということです。

普通なら、これは小学生に教えることではありません。レベルが高すぎます。

「口車にのってはいけない」と教えるのは道徳です。道徳は、誰が考えてもイエスとノーにくっきり分かれています。

実社会においては、道徳よりももっと上の発想が必要になります。

「悪いことをしろ」ということではありません。

完全にいいことや悪いことなどが存在しない世の中で、新しい正しいことをどう構築していくかです。

新しい正しいことを考えることで、初めて稼げるようになります。

言い換えれば代替案が出せるかどうかで、稼げるかどうかが決まるのです。

単に「イエス」か「ノー」を言うのは、ラクチンです。

ラクですが、そこに自分のアイデアは何もなく、ただの伝言係でしかありません。

「代替案を出したのにお客様は納得しなかったんですけど」と言う人もいます。

代替案は1つ出せばいいということではありません。

うまくいくまで、代替案を出し続けることが大切なのです。

涼しい顔で「じゃあ、こうさせてください」「では、こうさせてください」と無限に代替案を出し続ける力をつけることが、稼ぐことの勉強になるのです。

稼げるようになる具体例

03

代替案を出そう。

04

「できる」には、「梅」「竹」「松」「特上」の4段階がある。

「できるようになったのに、稼げない」と言う人がいます。

「できる」には次の4段階があります。

① 梅（1人でできる）

1人でできたら、「できるようになった」と言えます。

だからといって、それでは稼げません。

免許を持っていればクルマの運転はできますが、それだけでタクシーの運転手にはなれません。それと同じです。

② 竹（早くできる）

「ゆっくりなら、1人でできる」これではまだ稼げません。

食べ物屋さんを開きたくても、一つの定食をつくるのに一時間もかかっていたら、お客様は帰ってしまいます。

③ 松（応用できる）

想定外の事態が起こった時、条件が入れかわった時、今まで習ったことのない状況が起こった時にもできることが、応用力です。

④ 特上（教えることができる）

その物事の本質をつかみ、すべてを理解している状態です。

この段階に到達することで初めて人に教えることができ、稼ぐことができるのです。

この4段階に従って、ひとつずつステップアップすることで、稼げない人から稼げる人へと進めるのです。

稼げるようになる具体例 04

「もうできた」で満足しない。

05

資格をとったのに、生徒が来ないというのは、1を仕入れて、1を売ろうという発想。100を仕入れて、1売れる。

今の世の中でセミナーに通っている人たちには大きな特徴があります。

「勉強したい」というより、「それを習って先生になりたい」という人が多いことです。

たとえば、「ヨガ講座」と「ヨガインストラクター講座」の2つがあります。

人気があるのは断然「ヨガインストラクター講座」です。ビギナーでさえヨガインストラクター講座を受講します。

「ヨガはできなくていいから、ヨガインストラクターになれる方法を教えてください」という人までいます。

本来であれば、ヨガができるようになってからインストラクター講座に行くのが正しい受講の仕方です。

教室サイドも、ヨガインストラクター講座のほうが稼げるから開講していますが、教室で半年くらい講座を受けただけで人に教えられるようになるはずがありません。

1習って1教えるところには、誰も習いに来ません。

これでは、生徒が生徒に教えているようなものです。

100習ったことを1教えるのが、本物の先生です。

その知識の深さを感じるからこそ、生徒は先生を信頼して指導を受けるのです。

たとえばあなたがおにぎりを買いにコンビニに行ったとしましょう。

棚にはおにぎりがたくさん並んでいるはずです。

ですからその中の、1個を買うのです。

おにぎりが1個しかない棚のおにぎりを買う人はいません。

何か売れ残り感があるからです。

それと同じです。

1習って1教える人は、生徒の質問に答えられません。
100習って1教えるから、生徒の質問に答えられるのです。
生徒の質問に答えられない先生に、授業料は払えないのです。

稼げるようになる具体例

05

1売るために、100仕入れよう。

06

勉強とは、考えることができる立場の数だ。考える立場の数だけ、稼げる。

稼げる人は、いろいろな立場でものを考えることができます。

お客様の立場で考えられることが「ホスピタリティー」です。

たとえば、急いで食べたいと思ってお店に飛び込んで来たお客様から「一番早くできるのはなんですか」と聞かれたとします。

この時に、「少し時間がかかりますが、当店では、ぜひこれを召し上がっていただきたい」と言って、そのお店が一番出したいものを勧めるのは本末転倒です。

お客様が求めているものはスピードです。

供給サイドがしたいことを押しつけるのは、ホスピタリティーとは言えません。

自分の立場でしか物事を考えられない人は、稼げないのです。

高級ホテルには天ぷらコーナーがあります。

高級ホテルの天ぷらは、上品な食べ方になかなかうるさいものです。

「これは塩でお願いします」とか「これは少しだけタレをつけてください」とか「これはそのまま召し上がってください」と言われます。

お客様によっては、タレをジャブジャブつけたい人もいます。

関西では、天ぷらにソースをかける人もいます。

「ホテルでつくっている天ぷらにソースをかけられちゃたまらない」というのは、供給サイドの都合です。

お客様の立場で考えるなら、質の良いソースを置いておくほうがいいのです。

「やっぱり家の食卓にあるのより断然おいしいソースだな」ということに、お客様は感動します。

これがバランス感覚です。

稼げるようになる具体例

06

考える立場を増やそう。

稼げる人は、バランス感覚があります。

稼げない人は、バランス感覚がなく、「正しいものは正しい」と主張します。

その「正しい」も、一方向から見た正しさなのです。

「正しさ」にはサービス側から、お客様側から、経営者側からなど、いろいろな正しさがあるのです。

誰かの立場だけを優先するのは、バランスが悪いのです。

バランスが悪いと、1回は稼げても、あとが続かなくなります。

目標は、ずっと稼ぎ続けられることです。

あらゆるビジネスモデルは、リピーターなしには成り立たないのです。

Chapter 2

いいコーチに出会った人だけが、勝っている。

07

代行してもらう人は、稼げない。教えてもらう人が、稼げる。

中谷塾には、生徒が自分でテーマを決めて、仲間を集めて先生に依頼するというグループレッスンがあります。

ある時、私に「スーツのオーダーの仕方を習いたいので、実際にスーツ売場に一緒に行って教えてください」という依頼がありました。

その時の教え方は、

①　横について、正しい買い方をすべて教える

②　本人にさせてみて、どうしてもわからないことだけを教える

という2通りに分かれます。

①のように横について手取り足取り教えるのは「代行」です。
代行のメリットは失敗がないこと、デメリットは自分で覚えられないことです。
一方②の教え方は「育成」です。
育成のメリットは、自分でできるようになることです。
デメリットは、自分で勝手にするため、失敗する可能性が高いことです。
代行と育成は、あらゆる学びの中にありますが、本来、代行は学びではないのです。

たとえば、「ハウスキーピング」という仕事があります。
簡単に言うと、家の片づけをする人です。
ここでも依頼主は2通りに分かれます。
① 家を片づけてもらっている間に出かける人
② やり方を教えてもらって、自分でやろうとする人
①の人は習っていません。
ただの片づけ代行をお願いしているだけです。

「かたづけ士」として有名な小松易さんは、いっさい手出しをしないそうです。
教える側というのは根気がいります。
自分でするほうがずっと早いからです。
育成より代行のほうが圧倒的に早いのです。
ここに、学びをお金にできるかどうかの大きな分かれ目があります。
代行を依頼する人、代行業をする人は稼げません。
代行業は、一見、稼げるように見えます。
依頼主が多いからです。
世の中には、ラクをしたい人が多いのです。
家庭教師にも、

① 宿題をしてあげる先生
② 宿題を生徒にさせる先生

という2通りの先生がいます。
勉強は生徒にさせるのが当たり前ですが、いつの間にか、生徒に依頼されて、かわりにしてあげる先生になっていきます。
生徒側が代行を依頼できる先生を探すからです。
そのほうが自分にとってラクだからです。
宿題をしてくれない先生は、親に言って、他の先生にかえます。
その先生はクビになるのです。

先生も生徒も、「代行派」と「育成派」の2通りに分かれます。
かわりにしてもらいたい人が「代行派」、自分でできるようになりたい人が「育成派」です。

くじけると、つい代行にまわってしまいます。
瞬間的には稼げます。
代行は、需要も供給も多いからです。
治療するだけの歯医者さんは、代行です。
歯の磨き方を教える歯医者さんは、育成です。

この違いが大きいのです。

育成のために習いごとをする人は、稼げるようになります。

いくら習いごとをしても、代行してもらっている限りは、永遠に自分でできるようにならないのです。

稼げるようになる具体例

07

自分でできるようになろう。

08 先生からは、技を学べる。師匠からは、心を学べる。技だけでは、稼げない。

先生は、技術を教えます。

師匠は、心を教えます。

同じ人に習っていても、習う側が、先生として技術を習うか、師匠として心まで習うかで、大きな差があります。

すべての人が同じように学んでいる技術だけでは稼げません。

応用が利かないので、習っていないことはできません。

「すみません、それは習ってないのでわかりません」と言う人に、お客様はお金を払わないでしょう。

大切なのは、心を育てることです。

たとえ習っていなくても、師匠から心を学んでいれば、自ずと、どうすればいいかがわかるようになります。

これが心を「学ぶ」ということです。

心まで習っていないと、稼ぐことはできないのです。

稼げるようになる具体例

08

師匠から、技だけでなく、心を学ぶ。

09 スポーツも勉強も、いいコーチに出会った者が勝つ。

今、スポーツの世界は、いかにいいコーチをつけるかというコーチをめぐる戦いになっています。

プロテニス界のジョコビッチは、「テニスは個人戦ではない。チームプレーだ」と言っています。

なぜならば、テニスはコーチ、メンタルトレーナー、理学療法士、栄養士という多数のサポートメンバーと一緒にするからです。

試合に出るのは選手1人ですが、サポートメンバーも含めたチーム全員で戦っているのです。

サッカーがチームプレーというのはわかりやすいです。
個人で戦うテニスがチームプレーという認識はなかなか持てません。
仕事も同じです。
個人でする仕事も、すべてチームプレーです。
その時に大切なのは、いいコーチにめぐり会えるかどうかです。
ジョコビッチにはボリス・ベッカーがついています。
錦織圭選手にはマイケル・チャンがついています。
本来、テニスの試合中は、客席にいるコーチとのアイコンタクトは禁止です。
それでも、みんなアイコンタクトをしています。
強靱な精神を持った選手でさえ、試合中は1人では耐えられないものなのです。
アイコンタクトをするだけで、何かの指示が伝わるし、精神的にも落ちつきます。
私が「稼げる人にはコーチがいて、稼げない人にはコーチがいない」と話すと、
「コーチが見つからないんですけど、コーチを見つけるにはどうしたらいいですか」
と聞く人がいます。

コーチを見つけるためには、勉強をすることです。

人生は、いかに自分のよき師匠に出会うかという旅です。

師匠とめぐり会うために勉強をするのです。

勉強せずにコーチを探そうとすると、人の紹介や有名な人に頼ることになります。

思い通りに早く結果が出ないと、コーチをコロコロ変えます。

そういう人は、出会ったコーチと自分の相性や、学び方、考え方が一致しているかということがわからないままただコーチを頼んでいるだけです。

優れたコーチであればあるほど、売込みはしません。

「教えてあげるから」ということは、優秀なコーチからは言わないものです。

これは、あらゆる過去の物語を見ていてもわかります。

主人公がかたき役に復讐するために修業しようとして師匠を訪ねます。

師匠からは、けんもほろろに断られます。

まだ準備のできていない人間に師匠が教えることはないのです。

師匠に認めてもらえる準備が勉強であり、その師匠が自分の将来に必要な人であるかどうかも勉強しなければわかりません。

「どこかにいい先生はいませんか。紹介してください」と言う人は、師匠に会えません。

勉強していると自然に師匠にめぐり会えるのです。

師匠は、相手がどれぐらい準備してきたかというのは一瞬でわかります。

お金を払えば誰でも雇うことはできます。

それは、ただお金で雇った先生でしかありません。

先生と師匠の違いはここです。

師匠はお金でつながるものではありません。

先生と生徒はビジネスです。

習いごと市場では、先生も食べていくために生徒を集める時があります。

「生徒です」と言うのは、「私、お客様なんです」と言うのと同じです。

そういう考えだと、「待遇が悪い」などと文句を言うようになります。

師匠と弟子の関係では、そんな文句はありえません。
弟子は師匠を圧倒的な存在として、絶対的な信頼をするからです。
レッスンに対して文句を言う人は、自分をお客様として考えています。
「お金を払っているのに」と言うのは、稼げない人の勉強の仕方です。
習う側の意識が、お客様として行っているか弟子として行っているかで決まるのです。

稼げるようになる具体例

09

コーチに出会うために、学ぼう。

10

答えよりも、考え方がお金になる。結果よりも、プロセスがお金になる。

稼げない人は、答えを求めます。
稼げる人は、考え方を求めます。
数学ができる人は解き方にこだわります。
数学ができない人は答えだけを欲しがります。
答えだけがポツンと出ている参考書を見ても、結局、数学はできるようになりません。

たけしさんが司会をしていたころの『平成教育委員会』はレベルが高かったです。

問題には、小学校の算数が出ます。

正解が出たあとに、たけしさんが「めんどくさいから、オレだったらこうするんだけどな」と言ったりします。

「ああ、そうかその手があるか」と言うのがラサール石井さんです。

「こんな手もできますよ」と言うのはピーター・フランクルさんです。

この会話は、3人にしか理解できないやりとりです。

これが別解を楽しむということです。

稼ぐ能力も、別解から生まれるのです。

正解だけではなく、もっとラクなやり方を求めることです。

もっと華麗なやり方という別解を求めていけるかどうかです。

正解だけを求めると、別解から離れてしまいます。

同じ問題で無限に違う解き方を考えたり、1問をしゃぶりつくすのが正しい授業の仕方です。

それが正しい学び方にもなります。

1つのケーススタディーから無限に考えることができるのです。

私はビジネススクールで教える時に、1つの問題を出します。

それに対して一応の答えが出ます。

そこから、稼げる人と稼げない人とに分かれるのです。

稼げない人は、ノートをめくってしごいて「さあ、先生、次の問題をお願いします」と言います。

1つ正解が出ると「次の問題に行って」と言う人は、ただ数をこなそうとしているだけです。

1つの問題に1つの答え、答えが出たら次の問題という考え方の人は、稼げるようにはなりません。

稼げるようになるのは、1つの問題にいろいろな解き方を考えられる人なのです。

稼げるようになる具体例
10
考え方を手に入れよう。

Chapter 3

稼いでいる人は、行動している。

11

学んでも、実行する勇気がなければ、稼げない。

学んでいても、稼げる人もいれば、稼げない人もいます。

ただし、学ばないで稼げる人はいません。

ここでわかることは、「学ばなければ、稼げる人にはなれない」ということです。

稼げる人が時々、「勉強なんか関係ない」と言っていますが、「勉強」の定義が違うのです。

その人にとって当たり前のレベルのことを「こんなの勉強に入らないよ」と言っているにすぎません。

実際には、きちんと勉強しているのです。

勉強しているのに稼げる人と稼げない人の違いは何でしょうか。

それは実行するかしないかです。

稼げない人は、勉強したことをノウハウとしてコレクションしているだけです。

アウトプットとして、みずからの行動に落としていないのです。


一番わかりやすい例は、株です。

株の勉強をしたのに儲からないのは、上がるとわかった株を買っていないからです。

「万が一はずれたら怖いから買わない」と言う人は、覚悟がないのです。

株は、はずしながら覚えていくものです。

「こうするとはずれるんだな。よし、今度からこれでやってみよう」ということで、なんとなく感覚がわかってくるのです。

損したからといってやめる人も、稼げない人です。

損した経験を生かして「次はこうしよう」と考えられる人が、稼げる人です。

ギャンブルに比べて、株は勉強の要素が入ります。

自己関与度があるのです。
失敗から学べる人が、稼げる人になるのです。

稼げるようになる具体例

11

学んだことを、実行する勇気を持とう。

12

一夜漬けで乗り切れるのは、小学校まで。大人の社会では、毎日の勉強で勝負がつく。

子どもの時に優等生だった人は、大人になってから稼げなくなります。
子どもの勉強には範囲があります。
「今度のテストの範囲は○ページから○ページまで」と言われます。
満点も100点と決まっています。
ですから、一夜漬けでなんとかなりました。
一方、大人の勉強は、範囲なしの満点無限大です。
一夜漬けで太刀打ちできるほど甘くありません。
子どもの時に優等生であればあるほど、なんとなく一夜漬けで乗り切れるという錯覚に陥るのです。
一夜漬けで乗り切れないものは、日々、コツコツ勉強するしかありません。
24時間・365日、勉強している人の勝ちなのです。
たとえば、ダンスを習う時に、週に1時間習うだけでは伸びません。
レッスン以外の時間で、どれだけダンスのことを考えているかが重要です。
その人が稼げるようになるかどうかは、ココ一番の勝負だけではありません。
毎日の勉強がどれだけできるかで決まるのです。

稼げるようになる具体例

12

毎日の勉強で、差をつけよう。

13 学びのあるのが、懇親会。学びのないのが、飲み会。

私が教えているビジネススクールでは、6回ある講座の第4回目のあとに懇親会があります。

どんなセミナーや勉強会にも懇親会があります。

参加者一人ひとりの意識で、「懇親会として参加している人」と「飲み会として参加している人」の2通りに大きく分かれます。

懇親会と飲み会との違いは、きわめてシンプルです。

学ぼうとしていれば「懇親会」、学ぼうとしていなければ「飲み会」です。

不思議なことに、いい人ほど学ぼうとしません。

学びより、その場で好かれることを優先してしまうのです。

好かれようとする人は、先生にお酌します。

学ぼうとする人は、先生に質問します。

ここが違うのです。


私は、学ぼうとしている人の質問には真剣に答えます。

授業中に聞けなかったことについて質問が出るのです。

懇親会だからといって、レベルを下げた話はいっさいしません。

懇親会は、場を変えた授業なのです。

それなのに、好かれたい人は、お皿を下げたり、注文に行ったり、会社の接待と同じことをしています。

会社では、そういう人のほうが好かれます。

ただし、せっかくの懇親会という場を生かすことはできません。

先生からも覚えてもらえなくなります。

懇親会であっても、いい質問は出ます。
その時にお皿を片づけにまわっている人は、先生の話は何も聞けません。
学んでいる人は、片づけなどしません。
ある意味、気が利かないのです。
そういう人のほうが稼げるようになります。
学ぼうとするか、好かれようとするかで、稼げる人と稼げない人とに分かれるのです。

稼げるようになる具体例

13

好かれることより、成長することを学ぼう。

14

勉強する権利とは、寝転がっていても、もらえるものではない。権利とは、ボヤボヤしていると、手に入らないものだ。

勉強する権利は平等に与えられていると言われます。

これは「平等」という言葉の解釈を間違っています。

入口をそろえることが「公平」です。

出口をそろえることが「平等」です。

大切なのは、平等よりも、公平です。

「平等」と「公平」を混同すると、稼げなくなるのです。

学校の運動会で、みんなで手をつないで一緒にゴールに入るというところがあります。

差別はいけないからと言うのです。

これは間違った平等主義です。

すべての人にチャンスを与えるのが、公平です。


「権利」の解釈も間違っている人が多くいます。

中谷塾の塾生に「権利」を定義してもらったことがあります。

ほとんどの人が「みんなに与えられるもの」と答えました。

そこで、私は「一夫多妻の国があります。1人4人まで奥さんをもらえる権利があります。全員に奥さんが行きわたりますか」という質問をしました。

男性陣は最初、「奥さんが4人いたら、いいですね」と言っていました。

冷静に考えると、男性と女性とは同数です。

1人が4人の奥さんを手に入れたら、4人に3人の男性は奥さんが手に入らないのです。

これが一夫多妻の「権利」です。

義務は、全員がしなければならないことです。
権利は、勉強した人だけが手に入ることです。

『学問のすゝめ』の冒頭の一節を「天は人の上に人を造らず人の下に人を造らず」と覚えている人がほとんどです。

正解は、「天は人の上に人を造らず人の下に人を造らずと言へり」です。「〇〇と言へり」は「〇〇と言うけどさ」という意味です。

つまり逆説です。

そのあとに続く文章は、こうなっています。

実際の世の中はどうなっているのか。お金持と貧乏人がいて、こんなに格差があるじゃないか。その格差は何でついたのか。勉強した人としていない人との差だ。だから、勉強しないと損するよ。勉強した人が稼げるよ。だから、勉強しようよ。

これが『学問のすゝめ』です。

みんなが平等なら、そもそも勉強する必要はありません。

大切なのは、「と言へり」を聞き逃さないことです。
権利は、寝転がっていても、みんなに自動的に与えられるものではありません。
ボヤっとしていたら、手に入らないものなのです。

稼げるようになる具体例
14
ボヤボヤしない。

15

仲間が売れた時、2つに分かれる。ネットに悪口を書く人と、勉強する人。

ある予備校の先生がブレイクしました。

同業のある先生は、ネットに「あの先生はTVばかり出て、授業をしているのか」と悪口を書きました。

悪口を書いた同業の先生は稼げるようにはなりません。

一方で、「自分も頑張って売れるようになろう。そのために授業の準備をしよう」と思う先生もいます。

この先生は稼げるようになります。

仲間の先生が売れた時に、

①　悪口を書くことに時間を使う人
②　授業の準備に時間を使う人
という2通りに分かれるのです。
実際、売れている先生は、授業の準備に多くの時間を割いています。
これは、すべての業界に共通していえることです。
情報化社会のデメリットは、悪口を書く場が多いことです。
悪口を書くことや、悪口を読むことで時間をムダにしてしまいます。
稼げる人と稼げない人とでは、時間の使い方の意識が違います。
限られた時間を悪口ではなく勉強に使う人が、稼げるようになるのです。

稼げるようになる具体例 15
悪口を言う間に、勉強しよう。

16

「ズルイ」の上を行くのが「賢い」。文句を言うより、勉強しよう。

世の中には「ズルイ」とグチをこぼしている人が多くいます。
そういう人は稼げません。
ズルイことをする人は、世の中にたくさんいます。
その人はいつか必ず、自分でツケを払うことになります。
大切なのは、
① 自分がズルをしないこと
② ズルをしている人に文句を言って時間をムダにしないこと
という2つです。

稼げるようになる具体例

16

文句を言う間に、学ぼう。

「ズルイ」の上は「賢い」です。

賢くなるためには勉強する必要があります。

世の中にズルイことがあれば、それを上まわることを考えるチャンスです。

ハッカーが出てきたら、「ハッカーを取締まるハッカーになろう」と考える人が稼げる人です。

自分もハッカーになろうとする人は、稼げない人です。

悪いことの、しかもヒトマネが、一番稼げない行為なのです。

17

メモに頼らないで覚える。

消防大学校でワークショップの授業をする時に、私はメモを禁止しています。

実際の現場で、メモをしているヒマなどないからです。

頭で覚えたり、耳で聞いて覚えないと、人命救助はできません。

目だけで学ぶのではなく、耳で集中することが大切です。

以前サプライズパーティーの企画をしたことがあります。

Aというセリフで「ハッピーバースデー」を歌って、Bというセリフでクラッカーを鳴らすというダンドリです。

セリフは2つしかありません。

それなのに、「すみません、もう一度ハッピーバースデーの歌のキッカケとなるセリフを教えてください」と言う人がいるのです。

「Aというセリフです」と教えると、「クラッカーのセリフはなんでしたっけ？」と、また聞き返します。

最後には「紙に書いてもらえませんか」と言い出しました。

たった2個のセリフが覚えられないのです。

その人は、すでにクラッカーを出して握っています。

間違って鳴らしてしまったらサプライズになりません。

いつも目に頼っている人は、なんでも紙でもらおうとします。

こういう人は稼げません。


有名な中華料理店の支配人である柴山康一郎さんは、あるレストランで、ランチタイムにウエイターがお客様のオーダーをメモにとらないようにするという試みをしました。

高級中華なので、オーダーは多くてむずかしいのです。

柴山さんは、ウエイターの頭を鍛えるためにそれをしているのです。

耳で聞く回路と目で見る回路とは、まったく別の回路です。

通訳や速記の人も、耳のトレーニングをしています。

通訳の人は、「聞く」「翻訳する」「話す」という3つの動作を同時にしています。

「今、翻訳していますから、話すのを少し待ってください」という状態では仕事になりません。

3つのことが同時進行できるのは、一時記憶する力があるからです。

稼ぐチャンスは、お客様の何げないひと言にあります。

それを聞き取る力を養うことが大切です。

稼げるようになる具体例

17 目よりも、耳から学ぼう。

18

「質問は？」と聞かれて、考えてするのは、質問ではない。

私はビジネススクールで質疑応答から授業を始めます。

「質問は？」と聞かれて、すぐ手が挙がる人と挙がらない人とがいます。

すぐ手が挙がる人は、前回の講義から今日の講義までに、復習をし、体験をし、疑問点を生み出した人です。

何もしていない人は、前回の授業から成長がありません。

ノートをめくって、「えーと、何聞こうかな」と考えています。

「何聞こうかな」と考えている時点で、質問ではありません。

「質問は？」と聞かれて、ゼロ秒でできるのが質問です。

授業中でも同じです。
これは、主体的に授業を受けているか、受身で聞いているかの違いです。

常に質問することを持って授業に臨む人が稼げる人です。

講演によっては、主催者の設定で最後に質問する形のところもあります。
何事にも問題意識を持って準備して来ている人は、すぐに質問が出ます。
その場でなんとか質問を考えようとしても、すぐには出てきません。
中には自意識過剰で、自分が覚えてもらうための質問する人もいます。
自分が成長するためではなく、好かれようとして来ているのです。
そういう人は、稼げるようになりません。

稼げるようになる具体例

18 即、質問しよう。

19

答えのある問題では、稼げない。答えのない問題を考え続けることで、稼げる。

「子どもの勉強」と「大人の勉強」は違います。
子どもの勉強は、答えのある問題を考えます。
「左の4つの選択肢から正しいものを1つ選びなさい」というのが、小学校の問題です。

4つの選択肢の中に必ず正解があるのです。

一方、大人の勉強は、答えのない問題を考えます。
○と×から○を選ぶ問題ではありません。

△と△からどちらの△を選ぶかで苦しみます。
自分の選んだものが答えになるので、選んだ根拠が大切なポイントになります。

答えがない問題を考えるのは、精神的に宙ぶらりんな状態になるのでつらいものです。

この気持ち悪さにどれだけ耐えられるかです。


答えの中には矛盾があります。

その矛盾に耐えられる人は、稼げる大人になります。

答えがある問題を考える子どもの勉強では稼げません。

もちろん子どもの勉強がいけないのではありません。

同じ子どもでも、将来稼げるような勉強をしている子どもと、そうでない子どもの2通りに分かれます。

小学校でも、答えがない問題をワクワクして考えている子どもは、大きくなると稼げるようになるのです。

むしろ、大人になってからより、子ども時代に答えのない問題をどれだけ考えているかで、稼げる人になるかどうかが決まるのです。

稼げるようになる具体例

19

答えのない問題を考え続けよう。

20 見えない工夫を、言語化できる人が稼げる。

世の中にある工夫には、「見える工夫」と「見えない工夫」があります。

「見えない工夫」に気づく人は、稼げるようになります。

「いいところ」と「悪いところ」があると、悪いところは誰でも目につきます。

たとえばブログで書かれている飲食店のコメントは、9割が悪口です。

悪いところを見つけるのは簡単で、シロウトが見てもわかるからです。

ところが、いいところを見つけるのは難しいものです。

プロのレベルでなければわからないからです。

悪口ばかり書いている人は、アドバイザーにはなれません。

新しくできた一流ホテルに行って、悪口を書いている人が多くいます。

これは、「私はもっといろんないいところを知っているから」という自己顕示欲のあらわれです。

悪いところは、当然ホテルの人も気づいていることです。

ホテルには、ソフトオープンとグランドオープンの2段階があります。

ソフトオープンから半年間かけてグランドオープンを迎えます。

トライアルの時期にトレーニングをして磨き上げて、一流ホテルはよくなっていくのです。

悪口が書かれるのは、ホテルも織込みずみで覚悟しています。

間違った情報のとらえ方をしている人は、「あそこは五つ星のホテルなのにひどいらしいね」と悪口情報を鵜呑《うの》みにします。

悪口情報は、参考になりません。

大切なのは、いいところをいかに見つけられるかです。

プロのアドバイザーは、「これいいよね」というところを具体的に見つけられます。

いいところを見つけて、「もっとこうしたらいいのに」と言うのが、本当の参考になるアドバイスです。

悪いところをいくら指摘しても、自分の稼ぎにはなりません。

たとえば、霊能力者で、霊がついていることを見つけるだけの人は食べていけません。

「あなたの右肩に1つ、左肩に1つ、わきの下に1つ、霊がついていますね。はい、5000円の鑑定料をいただきます」

「霊をとってもらえないんですか」

「私はそういうことをしていませんからできません」

これでは、お金を払う人はいません。

「それなら聞かなければよかった」と、イヤな感じが残るだけだからです。

ついた霊をとることができて、初めて霊能力者として稼げるようになるのです。

仕事も同じです。

悪いところを指摘して終わりでは、稼げません。

「どうしたらいいか」という改善策が大切だからです。

いいところには、必ず見えない工夫がされています。

「これ、こういうことをしているな」と見えない工夫に気づくことが、稼ぐための第1段階です。

さらに見えないところを言語化できるようになれば、もっと稼げるようになります。

見えない工夫を言語化するのは、レベルの高いことです。

言葉にできないものをいかに言葉に置きかえられるかで、より稼げるようになるかどうかが決まるのです。

稼げるようになる具体例

20

言葉にできないものを、言葉にしよう。

21

言葉にならない感じたことを、言語化する。

私の本を読んだり、講演を聞いた感想で、「私が常日ごろ考えていることを全部言ってくださいました」と言う人がいます。

それでは言語化できていません。

私は、その場では「そうですか、ありがとうございます。背中を押しただけですから」と言います。

ほとんどの人が、本で読んだり、講演を聞いて「なるほど、そうだな。自分が思っていたことはこれでよかったんだな」と勇気づきます。

その結果、その人は次のアクションを起こせるのです。

自分の中にもともとあった考えを聞くと、「なるほど、そうだな。やってみよう」「自分の考えていることと中谷先生の考えていることは同じだな」と感じます。

ただし、わかったことを言葉にできない人がいます。

言葉になっているかどうかが、稼げるか稼げないかの大きな違いになります。

言語化しやすいものを言語にしても、稼げません。

言語化しにくいことを言語化できた時に稼げるようになるのです。

上司が部下を指導する時に「オレがやっているようにしろ」と指導することがあります。

これでは言語化できていません。

言語化できないものを言語化して教えられることが稼げる育成です。

コーチに「わからないかな。なんとなくわかれよ」「そのうちわかる」とほうり出された人は、お金を払いません。

コーチングに限らず、物販も含めてすべてのビジネスは教育です。

たとえば、性能を上げた自動掃除機のルンバを売る時に、「最新式で隅々まで掃除できるようになりました」と言われても、買う人は少ないでしょう。性能がどれだけアップしたかは、技術関係者は喜びますが、一般のお客様には関係ないからです。

その1つ上の売り文句は、「今まで旧型のルンバで掃除しきれなかった隅を自分で掃除していたでしょう。その時間が浮きますよ」です。

これは、何が手に入るかを言語化したのです。

「隅々まで掃除ができる」よりは「時間ができる」と言う方が、お客様は買いたくなります。

そのさらに上の売り文句は、「家族との時間が増えます」です。

単に「時間ができる」と言われても、何に使う時間なのかが見えません。「家族との時間ができる」と言われると、子どもと遊ぶところがビジュアルとして浮かぶのです。

物販で売れるか売れないかは、見えないものをどう見えるようにできるかの勝負です。

稼げるようになる具体例 21
文字で書けないものを、文字にしよう。

稼げる人は、習いごとをした時に必ずノートをつけます。

私の週1の習いごとは、ボイストレーニング、コアトレーニング、ボールルームダンスの3つです。

ノートをつけるのがむずかしいですが、私はノートに手書きをしています。

パソコンでは微妙な図が描けないからです。

描いた図は私にしかわかりません。

Jリーグ横浜マリノスの中村俊輔選手は、サッカーの練習をした時に必ずノートを書いています。

図で表現しないとわからないからです。

書いたものが第三者にわかるかどうかよりも、言語化するのが難しいことを言語にしようとしている瞬間に理解度が深まるのです。

22

答えを出せるだけでは、稼げない。問題を作って、人より早く、答えを出せる人が稼げる。

子どもの勉強は、先生が出した問題に答えを出すだけです。
大人は、問題も自分で作る必要があります。
問題を見つけて、作るところからが大人の仕事です。
その問題に対して、人より早く解決策を見出す時に稼ぎが生まれます。
これが大人の勉強です。
まず、問題点はどこかに気づくことです。
たとえば、飲食店に行った時、トイレが汚れていました。
そのことを指摘するだけでは、問題点を指摘したことにはなりません。

なぜトイレが汚れているかを考える必要があります。

問題点は、トイレが汚れていることではなく、バイト君のモチベーションが下がっていることです。

バイト君のモチベーションが下がっているのは、店長がバイト君に対してモチベーションを上げることをしていないからです。

「オレのほうを見てろ。ボヤボヤするな」と、とにかくいつも怒っているのです。

店長は一生懸命仕事をしている人です。

ところが、努力の方向が間違っているのです。

バイト君は、店長が怖くてフロアのお客様やトイレのことはひとつも見ていません。

店長が「とにかくオレを見ろ」と一生懸命言うので、店長の顔ばかり見ています。

もしここで「トイレが汚れているから掃除しろ」と言ってしまうと、バイト君はお客様をほったらかしてトイレ掃除に逃げ込むようになります。

「掃除中」の札をかけて、お客様をトイレにまったく入れません。

掃除をしたあとにお客様が入ろうとすると、嫌な顔をします。

「せっかく掃除したばかりなのに」と思うからです。

これは、お店にとってはマイナスです。

それなら汚れているほうがまだましです。

これが「トイレを掃除しろ」と言われたことに対しての間違った方向づけです。

ディズニーランドのスタッフは、トイレ掃除をしたあとにお客様が入るとニコニコしています。

「きれいになったところを使ってもらえる」と思うからです。

これこそが本来の目指す方向です。

本当の問題は何かに気づき、つくり上げた問題の解決策を誰よりも早く見つけ出す力をつけることが稼げる勉強なのです。

稼げるようになる具体例 22

自分で問題を作って、解こう。

23 プランBを出し続ける力が、稼ぐ力だ。

自分がしようとしたことで、その通り結果がうまくいくことはほとんどありません。

うまくいかなかった時にプランBを出せるかどうかです。

プランAだけでは、稼げません。

プランAは誰でも出せるからです。

プランAでみんなが行き詰まった時に、「じゃあ、こうしましょう」とプランBを出せるかどうかで差がつくのです。


宇宙飛行士の選抜テストでは、仮想の宇宙船に閉じ込めて、モニターで様子を見ます。

たとえば、レゴでピラミッドをつくるという実験があります。

そのつくったピラミッドを夜中に壊して、候補者たちがどうするかを見るのです。

「誰が壊した」とずっと言う人もいます。

この人は、宇宙飛行士の適応性がありません。

そこで「仕方がないから、限られた残った時間でこうしようか」と言えるのが、プランBを出せる人です。

有名幼稚園でも似たようなテストがあります。

何人かの子どもに積木でお城を作らせます。

そこに魔女があらわれて、作ったお城をバーンと倒して去っていきました。

その時に、子どもたちの反応が分かれるのです。

「もうやっても仕方がない」「もう間に合わない」と泣き出す子がいます。

「あんたが悪い」とケンカをする子は不合格になります。

「じゃあ、今度はこういうふうなやり方をしようか」と作り始める子や慰める子は合格します。

これは実際の大人の会社の中でも日々起こっている現象です。

プランBは1回出せば終わりではありません。

プランBを出し続ける力が大切です。

『タイムショック』というクイズ番組があります。

TVで見ている人は、答えた人が正解したか不正解かがリアルタイムでわかります。

現場で答えている人間には、正解、不正解を知らされません。

これは大きなプレッシャーになります。

次々とただ問題が出てくるだけで、今答えたものが正解か不正解かわからないというストレスに耐えられるのが稼げる人です。

「今の解答は正解だったの？　不正解だったの？」と一々確認する人は、稼げません。

不正解を覚悟の上で次から次へと答えていけばいいのです。

正解の音が鳴らなかった時に「今のはなんで正解じゃないんですか」と言っている

うちに、次の問題が聞こえなくなります。

プランAのあとに、プランB、C、D……と考えて、プランZまで出せる人は稼げます。

サッカーで言うとロスタイムで頑張れる人、野球で言うと延長戦まで頑張れる人が稼げるのです。

稼げるようになる具体例

23

プランBを出し続ける学びをしよう。

Chapter 4

稼いでいる人は、小手先で学んだりしない。

24

教わったことでは、稼げない。自分で気づいたことで、稼げる。

私は、ビジネススクールや先生を育てる「堺・教師ゆめ塾」、消防署長を育てる消防大学校幹部科、中谷塾などで、リーダーを育てる授業をしています。

そこでは、必ず生徒に問題を出します。

その時に、稼げる人と稼げない人とでリアクションが分かれるのです。

問題を出して「考えてみてください」と言った時に、稼げない人は「先生、早く答えを言って」という顔をしています。

稼げる人は「なんだろう。先生、まだ答えを言わないで。自分で考えたいから」という顔をしています。

これが伸びる人と伸びない人との明確な差です。

伸びる人は稼げるし、伸びない人は稼げません。

稼げない人は、詰将棋でも、すぐに答えを見ます。

答えがわからなくても考え続けることで、将棋力はアップするものです。

すぐに答えがわかっても、強くなるわけではありません。

むしろ根気がなくなって弱くなるのです。


数学ができる子は、答えより解き方に興味があります。

休み時間も、「こんな解き方もある。あんな解き方もある」という話ばかりしています。

映画の好きな人は、推理物の映画を見てきた人に「犯人は言わないでね」と言います。

サッカーの好きな人は、サッカーの試合を見てきた人に「あとで録画を見るから、どっちが勝ったか言わないでね」と言います。

「どっちが勝った?」とか「犯人誰?」と聞く人は、そのことにあまり興味がないのです。

これが稼げる人と稼げない人との分かれ目なのです。

稼げるようになる具体例

24

正解を聞こうとしない。

25 名所より、間の道が面白い。大きな道より、わき道が面白い。

旅行に行った時に、稼げない人は大通りを歩きます。
ブランド店が並び、観光用のお店が並ぶ繁華街で買い物します。
名所に行く際にも名所と名所の間をバスやタクシーで移動します。

一方、稼げる人は、徒歩か自転車で移動します。
名所よりも、名所と名所の間のほうが面白いからです。
稼げる人はわき道に入ります。
わき道には地元の人が来るお店があります。

同じ朝市でも、観光客用と地元の人用の2通りがあるのです。

スポットとスポットをつなぐ間の道を楽しめる人が、旅上手であり、学び上手です。

そこに、稼ぐヒントが隠されているのです。

稼げるようになる具体例

25

わき道に入ろう。

26 勉強＋体験で、稼げる。片方だけでは、稼げない。

「勉強と体験のどちらが大切ですか」という質問を受けることがあります。

答えは「両方」です。

勉強プラス体験で、初めて稼げるようになるのです。

「体験よりも勉強だ」「勉強よりも体験だ」と言う人は稼げません。

「勉強」と「体験」を交互に循環させることが、最も稼げるコツです。

たとえば、手相を習いに行って、手相の見方を教わります。

手相を教授している西谷泰人先生は、生徒にひと通りセオリーを教えたあとに「5000人の手相を見てください」という課題を与えます。

稼げるようになる具体例

26

勉強したことを、体験しよう。

そこで、勉強したことを実行する人と実行しない人とに分かれます。

実行しない人は、すぐにホームページを立ち上げて開業します。

実行しないで「お客さんが来ないんですけど」と文句を言っています。

実際には、お客様が来ないのではなく、良い評判が立たないため、お客様が来てもリピートしないのです。

1習って1実行するだけのところには、いい評判が立ちません。

その人は、自分の都合のいいところだけを聞いて、「勉強のあとは体験してください」という先生の言葉をスルーしたのです。

手相家として学ぶことは、セオリーだけではありません。

どのように人を見るかということです。

ナマの人間に接することによって、自分の勉強の足りなかったところが見えてくるのです。

27 タネ→失敗→コツの順に学ぶ。

私は、手品を教えることがあります。

素直な人は、帰って早速、奥さんに試します。

次の日、「バレました。何がいけなかったのかな」と言うのです。

手品が一番バレやすいのは、奥さんです。

相手の動きを知っているからです。

いつもと違う動きをすると見抜かれるのです。

私が「こんなふうにしませんでしたか」と尋ねると、「エッ、そうじゃないんですか」と驚いた表情になります。

「そこでバレるんですよ。こうしたほうがいいですよ」とアドバイスすると、「そうか。今日やってみます。でも妻には、もうバレてしまっているから、別の人にやらなくちゃ」と言うのです。

最初にタネを教わって実行します。

それで失敗したあとに教わるものが、コツです。

タネは勉強で得られるものです。

コツは体験で得られるものです。

タネとコツは同時に教えても、身につかないのです。

体験でしくじることで、コツが身につくのです。

先にタネとコツを教えると、結局、その手品は使えないものになります。

学びに満足せず、必ず体験することが大切なのです。

稼げるようになる具体例

27

コツは、失敗してから教わろう。

28 稼げる人は、すぐに「正解を教えてください」と言わない。

ファッションの勉強で、ロングトレンチコートがオシャレだと教えます。

するとこんなふうに言う人がいます。

「お店に買いに行ったのですが、売っていませんでした。あつらえにすると、3カ月かかって、高くつきます」

「何軒まわったの？」と聞くと、「1軒」と言うのです。

これでは成長しません。

どこで売っているか探してまわることが、すでに勉強です。

まわった1軒で売っていないからといって、すぐに教えてもらおうとする姿勢は、いかに受身の勉強に慣れているかということです。
受身の勉強に慣れている人は稼げません。その他大勢と同じになるからです。
探す過程で自分の稼げるポイントが生まれます。
私は「教えてください」と言われても、歯を食いしばって教えません。
その人を稼げるようにしたいからです。
そこで「ケチ」と思う人は、教えてくれる人のところに行ってしまいます。
誰かに代行してもらっても、永遠に自分が稼げるようにはならないのです。

稼げるようになる具体例

28

探し方から、学ぼう。

29
コピペする人は、稼げない。失敗の中から工夫を見つけた人が、稼げる。

情報化社会ではコピペが多くあります。

自分の好きな著者の本を集めてコピペしたものを出版社に持ち込む人もいます。

コピペであることは、すぐに編集者に見抜かれます。

結局、本にならないので、稼げません。

マニュアルも同じです。

他人がつくったマニュアルをコピペして、それを「マニュアル」として出しても、誰も読みたがりません。

マニュアルをつくる人とマニュアルをまねる人とでは、天地の開きがあります。

マニュアルをつくる人は、稼げます。

マニュアルをまねる人は、稼げません。

たとえば、リッツ・カールトンやディズニーランドのマニュアルをそのまままねても、成功しません。

それを本に書いたり、それでコーチングしようと思っても、稼げないのです。

ディズニーランドのマニュアルは、多くの失敗を経験して、失敗と成功の境目を見きわめてつくり上げたものです。

コピペするだけでは、失敗と成功の境目は見えないのです。

わかりやすい例が、トーストの焼き方です。

マニュアルには「トーストは2分30秒」と書いてあります。

コピペする人はそのマニュアル通りに「トーストは2分30秒」と書きます。

好みで、こんがり焼くほうが好きな人もいます。

その人が3分にセットすると、黒焦げになります。

結局、このマニュアルは使えなかったのです。

マニュアルをつくる人はすべての時間で実験しています。

だから、「トーストの焼き具合は2分30秒がいいです。こんがり系が好きな人は2分50秒までOKです。それを超えたら黒焦げになります」と書けるのです。

「ここまで行ったらアウト」というのは、失敗した人だけが見えるところです。

失敗と成功の境目は、失敗しないとわかりません。

これがマニュアルをつくる人とマニュアルをまねる人の大きな差です。

世の中には、マニュアル否定論者がいます。

この人の言っている「マニュアル」は、マニュアルをまねる人のことです。

マニュアルをつくる人は、多くの失敗を通して、そのマニュアルを世の中に提供しています。

人のマニュアルをコピペしたマニュアルでは、稼げないのです。

稼げるようになる具体例 29

成功と失敗の境目を体験しよう。

30

個性は、勉強しないと身につかない。

成熟していない社会では、個性がなくても稼げます。
世の中にモノが少ないからです。
モノが1個しかないところでは、個性は関係ないのです。
成熟社会は、世の中にものがあふれています。
商品を誰から買うかで差がつくので、売手の個性が必要になるのです。
「個性」と「勉強」は、一見、相反しています。
実際は、勉強しないと個性は身につきません。
たとえば、「どこにもない個性的なエステを始めたい」と言う人がいます。

「よそのエステに行きましたか」と聞くと、「よそを見るとマネしたくなるから、行っていません」と言うのです。

こういう人に限って、世の中のどこにでもあるような店づくりをしています。

これが勉強しない人の1つの特徴です。

勉強は、よそと差別化を図るためにするのです。

「勉強しなければ個性は身につかない」のです。

弁護士の木山泰嗣さんという方がいます。

中谷本をたくさん読んでいて、以前からよく知っています。

中谷塾で新しく本を出そうとしている人がいたので、木山さんにアドバイスを頼みました。

木山さんは、やっぱり凄いと思いました。

ひと言、スパッと「類書を読んでください」と言われたのです。

自分が出そうとしているテーマの類書を読んで、類書に書かれていることはすべてカットするようにアドバイスしたのです。

これこそが勉強です。

他の本を読んでコピペするのは論外です。

他の本を読むのは、他の本に書かれていることを書かないためです。

読者が書店で立読みした時に、他の本に書かれていることが1ページでも目についたら、本を閉じて棚に返すでしょう。

稼げない人は、「他の本に書いてあることも書かないと負けるんじゃないか」と思って、他の本に書いてあることをそのまま載せてしまいます。

これが稼げない人の発想です。

勉強することによって、初めて個性が磨かれます。

稼げない人は、個性の考え方が真逆なのです。

稼げるようになる具体例

30

勉強することで、個性を身につけよう。

31 自分が知っている世界とは、違う世界に出会う。

勉強することは、自分が知っている世界を深めることではありません。

いかに自分が知らない世界に踏み込んでいくかということです。

人間の脳は、自分の過去のパターンと照らし合わせて知っていることだけを認知しようとします。

知らないものに出会った時に、「そんなことはありえない」「誤差だ」「データの間違いだ」と認識して、排除してしまうことが多くあります。

ここにチャンスがあるのです。

たとえば、実験をして想定外の結果が出てくることがあります。

アンケートでも、お客様から想定外の意見が出ることがあります。

「この意見は1つしかないから、オミットしてもいいよね」と判断してしまうと、せっかくのチャンスを失います。

大切なのは、いかに自分の知らないことと出会えるかです。

好きなことだけしていても、知らないことには出会えません。

知らないことにチャレンジすることで、稼げるようになるのです。

稼げるようになる具体例
31
知らないことを、排除しない。

32

情報化社会は、知識に価値がなくなる時代だ。情報に、勉強＋体験で、付加価値をつけて稼げる。

「現代のような情報化社会ではインターネットであらゆる情報を集められるから、勉強しても意味がない」と考える人がいます。

これはまったくの間違いです。

情報化社会になる以前は、知識を持つ者に力があったのです。

大昔は、漢字を知っているのは王様と神官だけでした。

やがて商売が広がって、取引をするために商人も漢字を覚えるようになりました。

そうやって漢字が広まっていったのです。

３５００年前の文字でいまだに使えるのは、漢字だけです。

エジプトのヒエログリフの文字を読んでいるようなものです。

漢字文化圏に育つ我々は、すごいことをしているのです。

しかも、その文化圏の範囲は広いのです。

情報化社会になると、昔は王様と貴族と僧侶しか持っていなかった情報を庶民が持つようになります。

情報では差別化できなくなったのが、情報化社会です。

ネットでいくらでも集められる情報では稼げません。

それは誰もが知っているからです。

ネットで集めた情報で本を書いても、その本は売れません。

情報に付加価値をつけたものに価値があるのです。

「付加価値」とは簡単に言うと、「みずから勉強し、体験したこと」です。

ある情報を聞いて、その情報をもとにみずから体験し、さらにそこから出てきた疑問を勉強して深めていきます。

頭の中で考えているだけでは、付加価値は生まれません。

ネットで調べても、付加価値は生まれません。
情報を得るだけで満足しないことです。
そこに付加価値をつけないと、稼げるようにはならないのです。

稼げるようになる具体例

32

情報に、満足しない。

33

アイデアは、必要でない時に、出る。必要になる前に、出しておく。

「アイデアを出せ」と言われた時に、アイデアが出てくる人と出てこない人とに分かれます。

「明日までにこの企画を考えろ」と言われてアイデアが出てこない人は、稼げません。

たとえば、スティーブ・ジョブズは、通常なら1カ月かかる企画を「明日までに出せ」と言います。

この無理難題を言われた時に、「これは30日かかるから、明日までなんてムリだよ」と言ってやめるAさんは稼げません。

次の日に30分の1だけしてくるBさんは普通です。

この人も稼げません。

頑張って30分の2、普通の人の倍をしました。

このCさんも稼げません。

ここからが勝負です。

無理難題を言われた時に、できないものをどういうふうにできるようにするかを考えるのです。

Dさんは、仲間を30人集めてその仕事にとりかかりました。

その場でいきなり人は集まりません。

クオリティーが高い仲間をふだんから人脈としてつくっておく必要があります。

Eさんは、仲間を60人集めて、今日中に出します。

「明日まで」と言われたことを今日中に出してしまうのです。

スティーブ・ジョブズは、この難題を目の前の人間はどう解決するかを見て、雇うかクビかを決めるのです。

Fさんは、「これ、明日までにしておいて」と言われて、「それって、これですか」

と、もうすでにできていてその場で出しました。

第三者から見ると、「あいつ、運がいいよな。事前にしていたことが当たったんだもんな」と思われます。

それは違います。

稼げる人は、運には頼りません。

勉強をすることで、運に頼らないようにするのです。

スティーブ・ジョブズに言われて企画を即出せた人は、100カ月かけて100個のアイデアをつくって準備していました。

スティーブ・ジョブズが何を言っても即出せるように準備していたのです。

99カ月分の作業をムダにしてもいいからと、この1発にかけていました。

そもそも他の人とはアプローチの仕方が違うのです。

アプローチの仕方に正解はありません。

無限のアプローチの仕方があります。

正解が1個なのは、子どもの勉強です。

稼げるようになる具体例

33

ふだんから、アイデアを考えよう。

大人の勉強は、上には上があります。

いざ「アイデアを出せ」と言われても、すぐに脳は働きません。

よくトイレに入っている時、お風呂に入っている時、寝ている時にアイデアが浮かびます。

アイデアは、考えていない時に出るものだからです。

問題を出される前に、常日ごろから考えておけばいいのです。

言われてからでは、アイデアは出ません。

即出せるようにするためには、99のムダも含めて100のアイデアをふだんから出して準備しておくことが大切なのです。

34

ノートを過去の整理だけに書く人は、稼げない。未来の行動のために書ける人が、稼げる。

「ノートをつけたほうがいいんですか。つけないほうがいいんですか」と質問する人は、稼げない人です。

問題は、ノートを何に使うかです。

稼げない人は、授業のまとめや仕事の整理だけにノートを使います。

ノートが最終目的になっているのです。

ノートは手段であって、目的ではありません。

ノートを使うのは次の行動を起こすためです。

「こんなにノートがたまりました」と言って見せている人は、ノートをただの蔵書コレクションにしているだけです。

それでは稼げません。

稼ぐためにはアウトプットしてアクションを起こす必要があります。

ノートを未来の行動のために使う人は、稼げる人です。

ノートをつくるだけで、「きれいなノートができました」と満足する人は、稼げません。

これは、勉強でも同じです。

たとえば、時間が10時間ある時に、10時間勉強する人はアウトです。

行動を起こす時間がなくなるからです。

稼げる人は、5時間勉強して、残りの5時間でそれを実行に移します。

勉強好きな人が稼げないのは、限られた10時間を全部勉強に使うからです。

本も、最後まで読まなければならないということはありません。

途中で「これ、試してみよう」と思ったら、本をほうり出して即実行に移せばいいのです。

本当にモチベーションが上がった時は、本を最後まで読めません。
本を最後まで読み通せるということは、それほど興奮度がないのです。
本当に面白い本は、すぐに試したくなるので最後まで読めません。
これこそが正しい本の読み方なのです。

稼げるようになる具体例

34

ノートに書くだけで、満足しない。

35 小手先をマネしても、稼げない。

私はボールルームダンスを花岡浩司先生に習っています。

中谷塾の男子塾生も「中谷先生みたいになりたいから」と、花岡先生にボールルームダンスを習いに行きました。

インプットをマネすることはいいのです。

ある塾生が、花岡先生に「僕たちと中谷先生は何が違うんですか」と聞きました。

塾生は、違う部分だけを練習しようとしたのです。

それに対して、花岡先生は「全部違う」と答えました。

私が同じことを言われたら、「全部します。何からすればいいですか」と聞きます。

これが全体から始めるやり方です。

稼げない人は、「じゃあ、ムリじゃないですか」と言います。

花岡先生は、ムリとは言っていません。

違う部分が1000個あるなら、「1000個ですか。じゃあ、何からすればいいか教えてください」と、その1000個を学べばいいのです。

稼げない人のもう1つの反応は、「1000個ですか。とりあえず2つ、3つ、早くできるところから教えてください」と言います。

それを教える先生もいます。

そのほうが生徒が集まるからです。

それは、もはや生徒ではなく、お客様なのです。

お客様になったら稼げません。

たとえば、ボイストレーニングを習うことにしました。

ボイストレーニングはストレッチから始まります。

稼げるようになる具体例

35

めんどくさい基礎から学ぼう。

発声練習は、体の中から声を出して体を響かせ、体を楽器にする練習なので、話したり歌ったりする世界ではありません。

そうすると、生徒さんから「先生、早く歌を歌わせてください。私はカラオケで高音を出したいから来たんですけど、高音の出し方はどうするんですか」というクレームが出ます。

高音を出すための基礎をつくっているのに、基礎はめんどくさいというタイプの人です。

そういう人は、小手先のものを覚えようとしてお客様として来ているのです。

ある部分だけを小手先でマネしようとするタイプは、稼げない人です。

36

「タダで、教えてやってるのに」と言う人は、稼げない。

稼げる人になるためには、「勉強」プラス「体験」が必要です。

いきなり、あせって体験だけで稼ごうとしないことです。

まだ自分の付加価値がついていない段階で、何がしかのお金を稼ごうとすると、当然お客様は来ません。

それでは、自分の体験量が足りないからです。

かたづけ士の小松易さんは、家庭の片づけを職業にしようと立ち上げました。

企業と違って、家庭から依頼があっても、100万円は取れません。

遠いところに呼ばれると、何日もとられます。

ある依頼先の家に行くと、AVの山をどう片づけるかということになりました。

小松さんの仕事は、代行ではなく、指導です。

「このAV、有名なヤツじゃないですか」と、AVについて語り合う1日がまずあります。

1日目はそれで終わりです。

依頼主の人となりを知ってなじまないと、片づけはできません。

小松さんが1人で片づけてしまうのは簡単です。

ただ、それでは片づけの優先順位が依頼主にとって快適な状態になるとは限りません。

依頼主の思いを優先するので、押しつけにはなりません。

小松さんは、一々そんなことをしているので、まったく収入になりません。

別の依頼主の家では、ピンポンを押して「小松ですけど」と言うと「少々お待ちください」と言ったあと、奥で「みっともないじゃないか」ともめていたそうです。

夫婦ゲンカがひとしきりあったあと、「すみません、別の日にしてもらえますか」と言われてムダになる日もあります。

小松さんは、２年間、そんなことを続けたわけです。

そうすることで、ノウハウがたくさんたまりました。

後に企業の仕事もできるようになりました。

そのころは、無料ではありませんが安い金額でしていたそうです。

たとえば、「手相を５０００人見なさい」と言われた時に、一番いけないのは、「タダで見てやっているのに」という姿勢です。

「見させてもらっている」「勉強させてもらっている」という意識を持つことが大切です。

「役に立たせてもらっている」「少しでも相手の役に立てればいいな」という意識でしていることは、いい体験になります。

「安くしてあげている」「タダで教えてやっているのに」という姿勢になると、体験よりもお金に走ってしまいます。
先に「お金のために」と始めたことは、必ずモチベーションが下がるのです。

稼げるようになる具体例

36

役立てて、もらおう。

37

一見、儲からない仕事に、面白味を見出せる。

人間の味覚は、薄味で鍛えられます。
人間の舌は、味を探しに行くのです。
味が濃いと、一瞬でそう感じてしまうので、それ以上味を探しに行きません。
ところが、薄味の時は「ん？　これは何か入っているな」と思う瞬間があります。
これこそ舌が味を探している瞬間なのです。
「これ、苦い野菜だと思っていたけど甘さがあるね」と、ほのかな味を見つけます。
ところが、最初からそこに砂糖をかけてしまうと、舌はもう味を探しません。

たとえば、イチゴに練乳をかけるとイチゴの味がわからなくなります。

練乳をかけた時は、イチゴではなく練乳を味わっているのです。

それよりも、本当のイチゴの甘さや、トマトの酸味の中にある甘さを味わえばいいのです。

あらゆる野菜の中に、苦さと甘さが存在します。

自分の舌が味を探せるようになると、甘い野菜と甘くない野菜の見きわめがつくようになります。

ここでいう練乳に当たるのがお金です。

お金にマヒしていくと、本来の仕事の面白さを自分の舌が探しに行けなくなります。

一見、儲からない仕事の中に、どれだけの面白さを見出していけるかです。

「こういうところが面白いんだな」と、仕事の面白味を見出していくのが、仕事を通した勉強です。

最初からストーリーの面白い映画は、勉強になりません。

「ストーリー最低だよね」という映画は、「でもこれ衣装いいよね」「いい美術だよね」「カメラワークいいよね」と別のところを見出せます。
ストーリーが面白い話は、ストーリーに気をとられて、別のところに目がいきません。

タダ、安い、儲かるというところに先に目がいくよりは、そうではないところに面白味を見出せるのが稼げる人です。

一見、無味乾燥なものに、いかに味を見出していくかが勉強です。
そこに味を見出せる人は、稼げるようになるのです。

私は、ＮＨＫの番組『美の壺』が好きです。
あの番組の面白さは「こんなところにも美があった」というところです。
きれいなところに美があるのではありません。
『美の壺』に出てくるのは、美術品ではありません。
多くは民芸品です。
みんながふだん使っているモノの中に美しさがあるのです。

稼げるようになる具体例

37

一見、儲からない仕事の面白さに気づこう。

「それ、日用品の道具じゃないですか」と言う人がいます。

道具はきれいに手入れしてあるのは確かです。

「手入れの届いたきれいなモノがきれい」というのも、誰にでもわかります。

一見すると美を感じないモノに、「よく見ると美しいよね」「こんなちょっとした美があるよね」と感じられると、その美的センスにお金を出す人が出てくるのです。

Chapter 5

勉強の仕方を学ぶ人が、稼げる。

38

星を見る人は、稼げない。星座を見る人が、稼げる。つなぐことが、勉強だ。

プラネタリウムでは、星と星を線でつないで星座をあらわします。

実際の夜空にはもちろん線など引いてありません。

大切なのは離れた星を見た時に、つながりを感じられるかどうかです。

つながりを感じられる人が、稼げる人です。

私は以前、博報堂の入社試験の役員面接で、「知識と知恵の違いは？」と聞かれました。

そこで私は「知識はだんごで、知恵は串です」と答えました。

知識というバラバラのものに、知恵というつながりが見えてくることで、どんな時でも応用できるようになるということです。

勉強も同じです。

知識をいくら集めても、そのつながりが見えなければ稼ぎにはつながりません。

人間は、つながりが見つかった時に初めて「面白い」と感じます。

知識という点を集めるだけでは、「面白い」とは感じません。

たとえば、ある町の建物の場所だけを知っていても、その町を知っていることにはなりません。

地元の人が知っているような「この裏道を抜けると、あそこに出る」とわかっていることが、「町を知っている」ということです。

まったくバラバラなものを学んでいながらも、そこにつながりが見えてくる瞬間があります。

「ということは、あれもこれも同じだな」と思った時に、初めてその人は稼げるようになります。

稼げるようになる具体例

38

つながりを、学ぼう。

勉強することでたくさんの点を打ち、さらに、点と点をつなぐ線を考えます。
それは自分の脳にシナプスをたくさんつくっていく作業です。
点と点をつなぐところに、稼ぎが生まれるのです。

39

気づくとは、見方が変わることだ。見方が変わるとは、自分が生まれ変わることだ。

知識を覚えるだけでは稼ぐことはできません。

気づいた時に初めて、稼ぐことができます。

「覚える」と「気づく」とは違うのです。

買物にたとえると、「覚える」は同じフロアでモノをたくさん集めることです。

「気づく」は、ワンステップ上のフロアに上がることです。

同じフロア内でいくら買物をしても、1階に展示してある以外のモノは手に入りません。

これが知識を集めることの限界です。

大切なのは、1階での限界に気づいて、ワンフロア上に上がること。
そこで新たなモノを手に入れることができるのです。
ワンフロア上がるごとに、世界観が変わります。
「生まれ変わる」というのは、世の中の見方が変わることです。
そこに感動が生まれるのです。

稼げるようになる具体例

39

相手を変えるより、自分を変えよう。

40

旅が好きなだけでは、旅番組レポーターになれない。英語を学ぶ人が、旅番組レポーターになれる。

旅番組のレポーターになりたいというアイドルがいました。

そのために何を準備するかです。

ルックスやスタイルに頼るだけでは、ライバルが多すぎてなれません。

オーディションで「旅行が好きです」と言っても、「旅行が嫌い」と言う人はいないのでアピールポイントにはなりません。

「旅のブログを書いています」といっても、今はそんな人はたくさんいます。

誰もがしていることでは差がつきません。

結局、オーディションを通ったのは英語のできる人でした。

旅番組のレポーターになるためには、旅の勉強をするより、英語を習いに行くほうがいいのです。

ある若い俳優さんが「大河ドラマに出たいので、歴史の勉強をしています」と言っていました。

時代劇の俳優に必要なのは、歴史を勉強することよりも、馬に乗れることです。

「乗馬を習いに行くと、お金がかかるじゃないですか」と言う人がいます。

たしかに、乗馬は他の習いごとに比べて高額です。

どうやって安いところを見つけるかも、勉強です。

どこに行けばいいかを人に聞くのは、子どもの勉強の仕方と同じです。

子どもの勉強は、受身です。

「どこへ行けば乗馬を覚えられますか」と聞けば、先生が教えてくれるのです。

稼げるようになる具体例

40

時代劇に出るために、乗馬を習おう。

41 メリットとデメリットの片方しか見えない人は、稼げない。両方が見える人が、稼げる。

ポジティブシンキングの人は、メリットしか見ていません。

1つでもデメリットに出会った瞬間に、「裏切られた」「ヤル気なくした」と、心がポッキリ折れてしまいます。

ひどい時は逆恨みをします。

ネガティブシンキングの人は、デメリットしか見ていません。

そういう人は、結局、何もしなくなります。

ネガティブシンキングのままではアクションを起こせないからです。

ポジティブシンキングとネガティブシンキングのどちらがいいかということではあ

りません。

どちらか一方では稼げないのです。

稼げる人は、メリットとデメリットの両方が見えています。

世の中のすべての物事は、メリットとデメリットの両面があります。

片方しかないものは、ありません。

一見メリットしかないもののデメリットに気づくこと、一見デメリットしかないことにメリットを見出すのが、勉強です。

この両方のできる人が稼げるようになるのです。

稼げるようになる具体例 41

メリットとデメリットの両方を見よう。

42 ロジックと感覚を交互に、成長させる。

「ロジック」と「感覚」を交互に高速回転していく時に、新たなものを生み出す力が生まれ、成長し、稼げるようになるのです。

「ロジック」と「感覚」はどちらか片方だけではダメです。
ロジックだけの人は行き詰まります。
感覚がわからないので、堂々めぐりになるからです。
感覚だけの人も発展しません。
ただ自分の好きな世界にとどまるだけです。
ロジックの世界で生きている人は、感覚を入れることで違う見方ができるようになります。

一流のカメラマンや一流の画家は文章が上手です。

感覚とロジックを行ったり来たりできているからです。

「自分はアートの世界で生きるから、ロジックは関係ない」と言っている人は、ただの趣味で終わってしまいます。

自分の苦手なほうを、どう伸ばすかが大切です。


たとえば、エンジニアで人と話せない人は稼げません。

シリコンバレーのエンジニアは、パーティーに行くと、別分野の人たちともたくさん話します。

同じ業界の人だけではなく、別分野の人たちと話すことで、アイデアを思いついたり、コラボレーションが生まれるのです。

そのためにはビジネスコミュニケーションが必要です。

エンジニアというと、人と話せない内向的なタイプが多いと思われがちです。

稼げるようになる具体例

42

ロジックと感覚を、往復しよう。

「話すのが苦手だからエンジニアになる」という考えでは稼げません。

「文系」と「理系」という分け方にも意味がありません。

文系で理系的な発想のできる人、理系で文系的な発想のできる人が稼げる人です。

片方しかできない人は行き詰まるのです。

「自分は文系」「自分は理系」と言っている人がよくいます。

世の中は、文系と理系とに分かれているわけではありません。

単純に、学校のシステムの問題です。

「数学ができない人」イコール「文系」という分け方で、稼ぎにつながるわけがないのです。

43

耳から学べる人が、稼げる。関西で振込めサギが少ないのは、耳が鍛えられているからだ。

関西で振込めサギが少ないのは、関西人は耳が鍛えられているからです。
関西はしゃべりの文化、すなわち口の文化だと思われています。
これは誤解です。
いくら口が達者でも、聞く人がいなければ、コミュニケーションは成り立ちません。
関西の口の文化は、聞き手の耳が鍛えられているからこそ成り立っているのです。
たとえば、「講演中に寝ている人が多い」と怒っている講師がいます。
講師の話がヘタなのではありません。

聞き手が1時間耐えられないのです。

今、平均的な日本人の大人が耳で聞いて集中できる時間は50分です。

1時間寝ないで講師の話を聞ける人は平均を超えています。

昔は、1時間も耐えられないのは子どもでした。

ディズニー映画は、対象年齢に合わせて映画の長さが決まっています。

幼児向けは短編映画で、大人向けは長編映画です。

一方、関西人は、2時間でも平気で聞きます。

集中しているので、寝る人はいません。

関西での講演で、聞き手の私語や居眠りが始まったら、話がよっぽどつまらないということです。

目から学ぶ要素が増えてくるのが情報化社会です。

それだけでは差がつきません。

目で読むよりも、耳で聞く時に集中力の差が生まれます。

人間は耳からいろいろな物事を考えることができるのです。

道を歩くのも、電車に乗るのも、タクシーの運転手さんと話すのも、すべて耳からの情報です。
耳から入ってくる情報には、いろいろなヒントが隠されているのです。

稼げるようになる具体例

43

耳の集中力を鍛えよう。

44

勉強する人は、稼げない。勉強の仕方を学ぶ人が、稼げる。

一生懸命勉強しているのに稼げない人がいます。

そんな人は「勉強している内容がいけないんだ」と考えますが、それは間違いです。

勉強の仕方がいけないのです。

自分の勉強の仕方が間違っていることに気づける人が、稼げる人です。

仕事でも、頑張っているのに、いい結果が出ないことがあります。

稼げない人の中には、「仕事なんて頑張ってもムダだ」と言って、働くのをやめてしまう人もいます。

あるいは転職します。

この人は、転職先でもうまくいきません。

仕事の仕方がそもそも間違っているからです。

子どもは、勉強の仕方を考える必要はありません。

勉強さえしていれば100点がとれます。

一方大人の仕事は、勉強の仕方を学ばないと、こなせません。

量も質も膨大で、レベルが高いからです。

稼げる人は、学び方を学んでいる人です。

中谷塾で、知識だけを聞きに来ている人がいます。

この人は稼げません。

稼げる人は、知識を得るだけではなく、教え方を学びに来ています。

たとえば中谷塾で、初めて来た人がくだらない質問をすることがあります。

大切な授業の時間に、「好きな食べ物はなんですか」というアイドルチックな質問をするのです。

「先生の好きな食べ物はなんですか」というのは、見物型の人がする質問です。

見物している人は稼げません。

それが自分の成長にどうつながるのかは、まったく興味がないのです。

稼げる人は、見物型のくだらない質問に先生がどう答えるかを見ています。

「さあ、面白い質問が出たよ。この質問に対して、先生はどういうふうにためになる話につないでいくんだろう」と、ワクワクしているのです。

このように、参加している人は稼げるようになるのです。

稼げるようになる具体例

44

学び方を、学ぼう。

45

見えないものを、共有する。

稼げる人は、板書していないこともきちんとメモしています。

稼げない人は、板書だけを必死に写します。

一番大切なことは、板書していないところにあります。

たとえば、映画塾では映画の話をします。

私は映画の説明をする時に、たった3分のシーンを2時間かけて話すことがあります。

私の話を聞いてからその映画を見た生徒は、「そんなシーンはなかった。そんなセリフもなかったし、違った」と文句を言います。

それでも、「先生の話のほうが面白かった」「また話を聞かせてください」と喜んでいます。

これが本当の楽しみ方です。

この生徒は、私と同じ映像を共有できたのです。

それは、私がかつて浜村淳さんや淀川長治さんの映画解説に感じたことです。

「だまされた」と言いながら大喜びするのです。

一方稼げない人は、私が口頭で話していることを共有できません。

「学ぶ」というのは、同じ映像を共有することです。

これは、見えないものを同時に見るということです。

本を読む場合も同じです。

本を読んで、見えないものを共有するのです。

そのためには行間まで読み込むことが大切です。

文字を読むことは誰でもできます。

文字と文字の間に書かれているものを読み取る必要があるのです。

そうしないと、逆説的な表現や省略がわかりません。

逆説的な表現を聞いて、「ひどい」と怒る人がいます。

「逆説」の定義は、一見真逆に見えるような表現を用いて真実を伝えることです。

言葉を言葉でしか受け取れない人は、その裏側の意味までわからないので、逆説を理解できません。

たとえば、京都で「おおきに」と尻下がりで言われたら、ノーサンキューということです。

それを「『おおきに』は、サンキューじゃないんですか」と言う人がいます。

サンキューの「おおきに」は、尻上がりのイントネーションです。

尻下がりの「おおきに」は、「ノーサンキュー」です。

この違いがわからない人は、正確に聞き取れていないのです。

稼げない人は、私が映画の3分のシーンを2時間かけて話したあとに、「映画を見ました。先生の言ったとおりでした」と言います。

これは、「先生の言ったとおりでした」と言わなければならない、嫌われたくない、好かれたいと思うからこのような発言となるのです。

私は、映画にはないセリフをたくさん足して話しています。

「先生の言ったとおりでした」では、私が話す意味がありません。

それなら、単に映画を見ただけなのと同じです。

一方で、「ウソつき」と怒っている塾生のほうが、より多くのものを得て楽しんでいるのです。

稼げるようになる具体例

45

板書のないことから学ぼう。

46

マナーをよくすると、技術が伸びる。マナーもまた、勉強で伸びる。

同じ技術があっても、稼げる人と稼げない人に分かれます。

稼げる人には、マナーがあります。

ベースとしてマナーがない人は、どんなに技術があっても稼げません。

一番わかりやすい例はタクシーの運転手さんです。

どんなに抜け道を知っていても、どんなに名所旧跡を知っていても、どんなに英語ができても、感じの悪いタクシーの運転手さんには観光案内を頼みません。

マナーが土台にあって初めて、その上に知識や技術がのるのです。

習いごとをしていて、「できればいいんでしょう」と言う人がいます。

稼げるようになる具体例

46

マナーを学ぼう。

その習いごとで稼げるようになる人は、マナーがあるから知識のレベルが上がるのです。

稼ぐという行為の相手は人間です。

「知識と技術があれば、マナーなんかいらないんだよ」と考える人には、1回は頼んでも、次からは「できればあの人にはもう頼みたくないね」となります。

技術が10でマナーが2の人と、マナーが10で技術が2の人がいる場合は、マナーが10の人に頼みます。

ベースとして、マナーをよくすることが大切です。

習いごとで一番最初に教わることは、他の生徒さんや先生に対してのマナーです。

そのマナーをまず最初に身につけなければ、稼げるようにはなれません。

47

トップアスリートの技を学ぶ人は、稼げない。食生活を学ぶ人が、稼げる。

稼げる人はどうしているのかを見て、そこから学ぶことは大切です。
スポーツも仕事と同じです。
トップアスリートがどうしているか学ぼうとする時に、技術だけを見る人がいます。
技術は、目に見えるところです。
それだけをマネしようと思っても、結果としてマネはできません。
稼げるようにはならないのです。
たとえば今、ジョコビッチはプロテニス界のトップにいます。
2010年の全豪オープンの途中で、彼はおなかが痛くなって試合に負けました。

その時、まわりの人たちは「メンタルで負けたのか」と解釈しました。

それから2年後に、ジョコビッチはランキング1位になります。

その年は、51戦50勝でブッちぎりの1位です。

他のトップのメンバーが不調だったからではありません。

ジョコビッチが食生活を変えたのです。

トップアスリートがどんな練習をするかよりも、食生活という、**目に見えないところで何をしているかを学ぶことで稼げるようになります。**

表面的に見えるアウトプットをマネするのではありません。

それよりは、食事のような目に見えないインプットやサポートシステムをマネすることのほうが大切です。

戦争で言うと、強いチームがどういう武器を使っているかを見ても、戦争には勝てません。

戦争はロジスティックスの勝負です。

「ロジスティックス」とは、後方支援です。

専門的に言うと、「兵站《へいたん》」です。

日本は、兵站を軽く見ます。

これは農耕民族の発想で、もともと移動性がないからです。

移動する民族は、兵站がいかに大切かがわかります。

戦争は、ひたすら移動です。

移動すると、その移動を支えるための食糧や薬を調達するメンバーが必要になります。

大きな戦争になると、40万人もの移動が起こります。

40万人の兵隊を送っても、戦うのは4分の1の10万人です。

残り30万人は、後方で食事や薬の世話をしています。

スポーツも戦争と同じように、稼いでいる人がいると、その人の末端の技術だけが目につきがちです。

テニスプレーヤーなら、技術ではなく、食事や睡眠の方法をマネすることが、稼げるようになる勉強の仕方なのです。

ところが、世の中には目に見えないサポートの部分は出ません。
マスコミに書かれるような氷山の上、水面上に出ている部分だけでは、差がつかないのです。

稼げるようになる具体例

47

背後にあるものを学ぼう。

48
落合選手は、ピッチャーの動きではなく、隠れる看板を見ていた。

稼げない人は、物事を部分で見ます。

稼げる人は、物事を全体で見ることができます。

たとえば、ダンスを習いに来る人がいます。

「この人は稼げないな」と思う人は、「すみません、録画させてもらっていいですか」と言います。

録画をする時は、ステップを覚えたいからと足の部分だけ撮ります。

先生がデモンストレーションで踊る時も、足ばかり見ています。

稼げる人は、全体を見るのです。

全体でどうなっているかを見て、部分では見ません。

野球では、バッターは、ピッチャーがストレートを投げるかカーブを投げるかを最初に予測する必要があります。

投げられたボールを見てからでは、間に合わないからです。

その予測をするために、多くの選手はグラブの角度の変化やボールの握り方、ピッチャーのクセを見抜きます。

中日ドラゴンズの落合博満ゼネラルマネージャーは、現役時代に「自分はそういうのを見抜くのが苦手なんだ」と言っていました。

それでも、ピッチャーの投げる球を読み切っています。

「こういうボールを投げる時は、グラブの先端でバックスクリーンの5回表のところが隠れるんだよね」

「変化球を投げる時は、背中であの広告が隠れるんだよね」

と、ピッチャーの部分的な動きではなく、もっと広い視野で、球場の広告やスコアボードとの関係性で見ているのです。

これができるから稼げるのです。

稼げない人ほど、「ここはどうなっているんですか。あそこはどうなっているんですか」とパーツだけを見て、全体では見ません。

「このひと言で口説けるというセリフを教えてください」と言う人は、そのセリフを言ってもドン引きされます。

それまで会話が弾んでいないのに、口説ける言葉を集めた本に載っていた言葉を、イタリア人のようにいきなり言えば、その場で浮くのは当たり前です。

イタリア人タレントのジローラモさんが言うセリフは、会話の全体の流れの中から出てきたものです。

なんの脈略もなく口説き文句を言うのではなく、あらかじめその言葉が生きる場をつくらなければならないのです。

稼げるようになる具体例
48
部分ではなく、全体を見よう。

49 勉強とは、すべてのことに、意味を見出すことだ。

正解を見つけることが勉強なのではありません。

正解からは、稼ぎは生まれません。

「これにはこういう意味があったんだ」と意味を見出す時に、稼ぎが生まれるのです。

モチベーションは、「結果はうまくいかなかったけど、これをしてよかったな」と思うことで上がります。

よかったと思えるのは、そのことをする意味がわかったからです。

意味のあるものとないものがあるのではありません。

意味を見つけられるものと見つけられないものがあるのです。

サッカーを面白いと思う人と面白くないと思う人がいます。

サッカーが面白くないと思うのは「あんなことをして何が楽しいんだ」と意味が見つけられないからです。

ところが、すべてのことに面白がれる人は、「あんなこと」にも意味を見出せます。

これが勉強なのです。

一見意味のないものに意味を発見することで、「面白い」となるのです。

学校から家までは5分の距離でも、子どもは30分かけて帰ったりします。

その5分の距離にあらゆる意味を見出すことができるからです。

旅行をすると、「ここからあそこまでの移動になんでそんなに時間がかかるんだ」「電車が少ないな」「なんで乗りかえで2時間も待たなければいけないんだ」と、便利な都会から来た人は不便さに怒ります。

その2時間に意味を見出せる人は、「よかった。この2時間があって」と思います。

意味は人から与えられるものではありません。

自分が見つけるものです。

人から与えられた意味は、面白くありません。

自分が主体的に取り組んで、そこに何か意味を見出した時、脳は興奮するのです。

脳が喜び、快感を得るからです。

いい結果の時に喜ぶのではありません。

それでは、結果に喜んでいるだけです。

いい結果にも悪い結果にも意味を見出せばいいのです。

いい結果には、あまり意味を見出せません。

理由は単純です。

いい結果は、ただ儲かっただけだからです。

世の中で言う「いい結果」は、金額につながったということです。

金額につながらなくても、そのことに意味を見出した時に次の稼ぎにつながります。

むしろそのことのほうが大きいのです。

勝ち試合と負け試合があって、勝つと大喝采で、負けたらへこむというのは、負けた試合に意味を見出していないからです。

錦織圭選手の本を読むと、ずっとケガだらけだったことが書いてあります。アスリートのケガは、ややもすると選手の引退という事態を引き起こします。ケガにいかに意味を見出せるかが、稼げるトップアスリートになれるかどうかの分かれ目です。

病院に来ている患者さんは「なんで私がこんな病気にならなければいけないんだ。運が悪い。神様は冷たい」と思っています。

お医者さんの役割は、そういう患者さんに対して、「今回この病気をしたのはこういう背景があるんですよ」と意味を見出してあげることです。

「日常生活の習慣がこんなに崩れていますよ。これを立て直しましょう」と言えばいいのです。

病気は、崩れた習慣を立て直すために神様が与えてくれたキッカケだという意味を見出せると、患者さんも「かえってよかった」と思います。

何かの病気になって病院へ行くと、別の病気が見つかるということもあります。

結果として、「この病気になってよかった」と思えることがあります。

すべての病気が治るわけではありません。

治らない病気になったおかげで何か別のものが見えるようになったり、手に入ることがあります。

それを与えられるお医者さんになることが大切なのです。

稼げるようになる具体例
49
すべてのことに、意味を見出そう。

50 勉強とは、正解を見つけることではない。選択肢を増やすことだ。

20代のお医者さんは、たくさんの症例に当たる必要があります。

20代でどれだけ多くの患者さんに当たり、どれだけ多くの症例を勉強するかが、お医者さんとして稼げるかどうかの勝負です。

30代は違います。

20代で経験を積んだあと、自分のひとりよがりの押しつけではなく、患者さんの人生のクオリティー・オブ・ライフをどう上げるかを考えることです。

患者さんがこうしたいと思うことに寄り添うのです。

病気を治すのが20代で、病気といかにつき合うかを教えるのが30代です。

ここには正解はありません。

肝硬変になった人に、「お酒をやめなさい」と言うのは20代のお医者さんです。

お医者さんは、病気を治したいと思って患者さんにアドバイスをします。

患者さんは、豊かな人生を生き切りたいと思っています。

患者さんの立場からすると、病気を治すために今自分が一番好きなモノをやめるのは、死んだも同然なのです。

そういう時は、選択肢を与えることもお医者さんの仕事です。

「お酒をまったく飲まなければ10年生きます。毎日これぐらいの量を飲んでいると3年生きられます。好きなほうを選んでください」と言えるのが、30代のお医者さんです。

価値観を自分で決めつけないで、相手に選んでもらうのです。

「Aのことをすると A の場所に行く」「Bのことをすると B の場所に行く」と選択肢を提示するまでがプロフェッショナルの仕事です。

「あなたはこうしなさい」と言うのは、自分の価値観の押しつけです。

アドバイスの仕方は、お医者さんが常に迷うところです。

ある程度キャリアを積んだお医者さんから、「患者さんにアドバイスしても、聞いてくれない。このまま患者さんが好きなようにしていたら死んでしまう。私はどうしたらいいですか。無力感を感じるんです」と相談されました。

これは、医師としての無力感であり、自分の側から見ているだけです。

患者さんは、「少しでもお酒を飲めるように対策をとってください。それで寿命が縮まっても文句は言いません」と望んでいるのです。

そういう時は、治したいという自分の欲望よりも、患者さんの人生を謳歌して死にたいという思いを優先させればいいのです。

相手の側に立ってあげればいいのです。

大切なのは、選択肢を出してあげることです。

勉強は、選択肢をつくることです。

正解が1個しかないという子どもの勉強は、選択肢から選ぶ作業です。

大人の稼げる勉強は、「こんな選択肢がありますよ」と、どんどん選択肢を増やすことです。

サービス業で言うと、お客様には選択肢を提案すべきなのです。

「みんなと一緒の行動はイヤだけど、かといって1人ではちょっとできない」という要望があったとします。

ここで「どっちかにしてください」と言わないことです。

旅行代理店ならここで「わかりました。1人旅のパックツアーをつくりましょう」と言えばいいのです。

実際に1人旅のパックツアーができました。

1人旅の人ばかりが観光バスに一緒に乗っているのです。

ただし、隣の席は空けてあります。

食事をする場所は同じですが、個別に食事をとります。

現地に着くとフリータイムがあるというツアーです。

稼げる人は、AとBの矛盾を解決する選択肢をつくれます。

合理性がある中だけで答えを出そうとするのは、子どもの勉強的には正解ですが、稼げるようにはなりません。

大人の社会では、矛盾を抱えつつ前に進んでいくことで正解が見つかります。

矛盾した要望にこたえられる選択肢をA、B、C……と出す戦いです。

無限に選択肢を出せる人は、稼げるようになるのです。

稼げるようになる具体例

50

選択肢を、増やそう。

51 みんなと同じインプットをしても、稼げない。みんなと違うインプットをする人が、稼げる。

稼ぐというのは、需要と供給の関係にあります。

需要の多いことが稼げることではありません。

比率の問題です。

需要に比べて供給の少ないものが稼げるということです。

供給から見て判断するのです。

みんなと違うことをするのは勇気がいります。

みんなが英語を勉強している時に、1人でスワヒリ語を勉強するのは勇気のある人です。

「スワヒリ語は商売になるのかな」と思っていると、稼げません。

たとえば、私の早稲田大学時代の恩師である西江雅之先生は、中学生の時にスワヒリ語を勉強し始めました。

早稲田大学に入ってから、早稲田の探検隊がアフリカを探検する時に、「どうやらスワヒリ語ができるヤツがいるらしい」ということで、呼ばれて連れて行かれました。

西江先生は中学生の時に、スワヒリ語の辞書を神保町で見つけて、独学で勉強したのです。

習っている先生がいるわけではないので、わからないことがあった時に質問できる人がいませんでした。

仕方がないので、スワヒリ語の辞書を書いている先生に質問の手紙を送りました。

すると、先生から「なんでも質問があったら、また連絡してください」と丁寧な返事が来たのです。

手紙で質疑応答のやりとりを何度かしていると、「一度家にいらしてください」と言われたので、とうとうその先生に会いに行きました。

辞書の編者の先生は、中学2年生が訪ねて来たことにびっくりしました。

手紙でやりとりしていた相手は、大学の先生だと思っていたからです。

それぐらいスワヒリ語を勉強している人は少なかったということです。

辞書の編者の先生が丁寧な返事をくれたのは、手紙で質問する人がいなかったからです。

たくさん質問状が来ていたら、一々丁寧な返事はしていられません。

西江先生はスワヒリ語の勉強をしていたことで、大学時代に、探検部でもないのにアフリカへ付いて行きました。

本人にとっては、生のスワヒリ語を初めて聞けるのでうれしい経験です。

必要があってスワヒリ語を勉強していたわけではありません。

面白そうだから勉強していただけです。

必要から出てきたものは、思うほど稼げません。

必要がないのに勉強していたことで、結果として探検隊に呼ばれたのです。

結局、探検隊は風疹にかかったことで全員帰国しました。

西江先生だけは1人でアフリカに残って、そのままあちこちまわりました。

それ以来、西江先生は、世界のフィールドワークの大家になったのです。

英語を勉強していたら、その需要はないわけです。


いかに人と違うインプットをするかというところで需要が分かれます。

まわりから「なんのためにそんなことをしているんですか」と言われるようなことをすれば稼げるのです。

まわりから見て「それは○○のためですね」と目的が一発でわかるようなことでは、結果として稼げません。

みんながしていて理解できることだからです。

スワヒリ語が必要になった時に、遠くからでも問い合わせてくる人がいるのは、みんなと違うインプットをしていたからです。

勉強は、時間と空間を乗り越えます。

稼げるようになる具体例

51

人と違うインプットをしよう。

それをしている人がたった1人しかいなければ、遠くからでも仕事の依頼はあります。

「やっぱり稼ぐためには東京に行かなくちゃダメですかね」と聞く人がいます。

東京に来ても、人と同じことをしていたら稼げません。

その他大勢に混じっているだけのことです。

かといって、地方にいて「東京でこれをしているから」と、東京の人と同じことをしても稼げません。

どこに住んでいようが、みんなと違うことをしていると、それが必要になった時にそこに問い合わせざるをえなくなります。

住んでいる場所はまったく関係ないのです。

52

稼ぐために勉強している人は、みんなとかぶるので、稼げない。面白いから勉強している人が、稼げる。

「今なんの資格をとれば稼げますか？」という質問は、稼げない人の発想です。

稼ぐためにしているわけではないことが、結果として稼ぎにつながるのです。

「これ、みんながしていないから稼げるんじゃないかな」という考えは、抜け道が混む現象と同じです。

「なんでみんな抜け道に来るんだ」と言いますが、よく考えれば自分もみんなと同じ思考回路になっているのです。

究極は、自分がしていることについて、「これって面白いよね。みんながわからないのが逆にうれしい」「みんなに理解されたらつまらないな」と思える感性を持つことです。

みんなの賛同を得ることでは稼げません。

勧められたり、ましてや補助金をもらってするようでは、決して稼げないのです。

「なんのためにそんなことをしているのか」「そんなことをしてもムダだからやめなさい」と反対されることのほうが長期的に見れば稼げるようになるのです。

稼げるようになる具体例

52

役に立たないことを、学ぼう。

53

エピローグ

稼げない人は、先天と運で稼げると考える。稼ぐ人は、勉強と体験でしか稼げないと考える。

稼げる人に対して「もともとあの人は頭がいい」「もともとあの人は運がいい」「もともといいところに生まれた」と考えるのは、勘違いです。

もともと持って生まれて運がいい人はいません。

客観的に見て「運がいい」と言いますが、実はコツコツ勉強している部分があるのです。

たとえば、スティーブ・ジョブズに「明日までにしてこい」と言われた仕事を、「それってこれですか」とその場で出す人がいました。

その時に、「たまたま持っていたものをジョブズさんに言われて、運がいいよね」

と言うのは間違っています。

その場で出した人は、事前に100の企画を用意していたのです。

言われる前にコツコツ準備していただけであって、運がいいわけではありません。

仕事を頼まれた人を見て、「あいつ、運いいよね。すぐそばにいただけで」と言う人がいます。

仕事を頼まれた人は、たまたまそこにいたのではありません。

仕事がくるであろうと想定して、先にまわり込んでいたのです。

野球でも、バッターの打球が飛ぶ方向を予測してあらかじめ落下点に移動しておき、なんなくキャッチする選手がいます。

運がよかったわけではなく、きちんと先まわりをしていたということです。

勉強とは、準備です。

先まわりをすることです。

稼げる人は先まわりをして、稼げない人は後手にまわっているのです。

必要になってから勉強しても、間に合いません。

私の個人レッスンにも「すみません、明日オーディションなので、姿勢と声と服装を直してもらいたいんです」と来る人がいます。

急に全部は直りません。

ふだんからコツコツと先まわりをして備えておかないといけないのです。

今、私がボールルームダンスをしているのは、俳優としてダンサーの役が来てから練習したのでは間に合わないからです。

いつダンサーの役が来てもいいように、ふだんから練習しているのです。

運に頼っている人は、稼げません。

稼ぐということは、いかに運の比率を小さくするかが勝負です。

勉強は、運の比率を小さくすることです。

「東大の試験をじゃんけんにしてくれ」と言うと、灘高生はみんな反対します。

彼らは、勉強をしているからです。

東大の試験をじゃんけんにすると、東大のレベルは下がります。

灘高生は東大ではなく、京大を受けるようになります。

人には、運や持って生まれたアドバンテージがあると思うのは大きな間違いです。

たとえば、「あの家の親は東大出だから子どもも勉強ができる」というのは間違っています。

今、スポーツも勉強も遺伝的な要素はほとんどないというのが、遺伝子の研究でわかってきました。

親の習慣が子どもに遺伝しているのです。

親が勉強する方法を身につけていると、子どもがそれをマネして勉強ができるようになります。

頭のいい遺伝子がもともとあったわけではないのです。

子どもの時に身につける必要があるのは、学び方です。

学ぶことではなく、学び方を学ぶのです。

正しい学び方をしていると、必ず稼げるようになります。

目先のことだけ追いかける学び方をしていると、稼げるようにはなりません。

あと追いになるだけです。

それでは楽しくありません。
モチベーションが下がると、イヤイヤ勉強することになります。
ガマンしているうちは、学び方を間違えています。
楽しんでいると自動的に一生懸命になり、より深く勉強します。
勉強しているかどうかは、「もっと知りたい」と思うかどうかでわかります。
「もっと知りたい」と思えることが勉強です。
「大体わかりました。もういいです」というのは、勉強したとは言えません。
勉強すればするほど、「もっと知りたい」という気持ちが強くなります。
「もっと知りたい」が、将来の稼ぎの糧《かて》になるのです。
学んだ後に、稼げる人と稼げない人に分かれます。
稼げる人は、「さっそく、今から、試します」と行動します。
稼げない人は、「わかりました」と言うだけで、行動しません。
行動しないのに、「学んだのに、稼げないんですけど」とグズグズいっています。
わかることで、稼げるのではありません。

学んだことを、行動に移すことで、学びはお金に変わるのです。
学び→行動→稼ぎ。
これで終わりではありません。
学び→行動→稼ぎ→学び→行動→稼ぎ→……。
そのお金を学びに変えることで、ますます、稼げるサイクルに入るのです。

稼げるようになる具体例

53 運に任せない。

【きずな出版】
『ファーストクラスに乗る人の人脈』
『ファーストクラスに乗る人のお金2』
『ファーストクラスに乗る人の仕事』
『ファーストクラスに乗る人の教育』
『ファーストクラスに乗る人の勉強』
『ファーストクラスに乗る人のお金』
『ファーストクラスに乗る人のノート』
『ギリギリセーーフ』

【ぱる出版】
『運のある人、運のない人』
『器の大きい人、小さい人』
『品のある人、品のない人』

『「お金持ち」の時間術』
（二見書房・二見レインボー文庫）
『一流の思考の作り方』（リベラル社）
『服を変えると、人生が変わる。』（秀和システム）
『なぜあの人は40代からモテるのか』
（主婦の友社）
『一流の時間の使い方』（リベラル社）
『輝く女性に贈る 中谷彰宏の運がよくなる言葉』
（主婦の友社）
『名前を聞く前に、キスをしよう。』
（ミライカナイブックス）
『ほめた自分がハッピーになる「止まらなくなる、ほめ力」』（パブラボ）
『なぜかモテる人がしている42のこと』
（イースト・プレス　文庫ぎんが堂）
『一流の人が言わない50のこと』
（日本実業出版社）
『輝く女性に贈る　中谷彰宏の魔法の言葉』
（主婦の友社）
『「ひと言」力。』（パブラボ）
『一流の男　一流の風格』（日本実業出版社）
『変える力。』（世界文化社）
『なぜあの人は感情の整理がうまいのか』
（中経出版）
『人は誰でも講師になれる』
（日本経済新聞出版社）
『会社で自由に生きる法』
（日本経済新聞出版社）
『全力で、1ミリ進もう。』（文芸社文庫）
『だからあの人のメンタルは強い。』
（世界文化社）
『「気がきくね」と言われる人のシンプルな法則』
（総合法令出版）
『だからあの人に運が味方する。』
（世界文化社）
『だからあの人に運が味方する。（講義DVD付き』（世界文化社）
『なぜあの人は強いのか』（講談社+α文庫）
『贅沢なキスをしよう。』（文芸社文庫）
『3分で幸せになる「小さな魔法」』（マキノ出版）
『大人になってからもう一度受けたい コミュニケーションの授業』（アクセス・パブリッシング）
『運とチャンスは「アウェイ」にある』
（ファーストプレス）
『「出る杭」な君の活かしかた』（明日香出版社）
『大人の教科書』（きこ書房）
『モテるオヤジの作法2』（ぜんにち出版）
『かわいげのある女』（ぜんにち出版）
『壁に当たるのは気モチイイ　人生もエッチも』
（サンクチュアリ出版）
『ハートフルセックス』【新書】
（KKロングセラーズ）
書画集『会う人みんな神さま』（DHC）
ポストカード『会う人みんな神さま』（DHC）

面接の達人（ダイヤモンド社）

『面接の達人　バイブル版』
『面接の達人　面接・エントリーシート問題集』

中谷彰宏主な作品一覧

『ラスト3分に強くなる50の方法』
『答えは、自分の中にある。』
『思い出した夢は、実現する。』
『習い事で生まれ変わる42の方法』
『面白くなければカッコよくない』
『たった一言で生まれ変わる』
『健康になる家　病気になる家』
『スピード自己実現』
『スピード開運術』
『20代自分らしく生きる45の方法』
『受験の達人2000』
『お金は使えば使うほど増える』
『大人になる前にしなければならない50のこと』
『会社で教えてくれない50のこと』
『学校で教えてくれない50のこと』
『大学時代しなければならない50のこと』
『昨日までの自分に別れを告げる』
『あなたに起こることはすべて正しい』

【PHP研究所】
『叱られる勇気』
『40歳を過ぎたら「これ」を捨てよう。』
『中学時代がハッピーになる30のこと』
『頑張ってもうまくいかなかった夜に読む本』
『14歳からの人生哲学』
『受験生すぐにできる50のこと』
『高校受験すぐにできる40のこと』
『ほんのささいなことに、恋の幸せがある。』
『高校時代にしておく50のこと』
『中学時代にしておく50のこと』

【PHP文庫】
『もう一度会いたくなる人の話し方』
『お金持ちは、お札の向きがそろっている。』
『たった3分で愛される人になる』
『自分で考える人が成功する』
『大人の友達を作ろう。』
『大学時代しなければならない50のこと』

【大和書房】
『結果がついてくる人の法則58』

【だいわ文庫】
『27歳からのいい女養成講座』
『なぜか「HAPPY」な女性の習慣』
『なぜか「美人」に見える女性の習慣』
『いい女の教科書』
『いい女恋愛塾』
『やさしいだけの男と、別れよう。』
『「女を楽しませる」ことが男の最高の仕事。』
『いい女練習帳』
『男は女で修行する。』

【学研パブリッシング】
『美人力』
『魅惑力』
『冒険力』
『変身力』
『セクシーなお金術』
『セクシーな会話術』
『セクシーな仕事術』
『口説きません、魔法をかけるだけ。』
『強引に、優しく。』

【阪急コミュニケーションズ】
『いい男をつかまえる恋愛会話力』
『サクセス&ハッピーになる50の方法』

【あさ出版】
『「いつまでもクヨクヨしたくない」とき読む本』
『「イライラしてるな」と思ったとき読む本』
『「つらいな」と思ったとき読む本』

『「超一流」の時間術』
『「超一流」の行動術』
『「超一流」の勉強法』
『「超一流」の仕事術』

【PHP研究所】
『[図解]お金も幸せも手に入れる本』
『もう一度会いたくなる人の聞く力』
『もう一度会いたくなる人の話し方』
『【図解】仕事ができる人の時間の使い方』
『仕事の極め方』
『【図解】「できる人」のスピード整理術』
『【図解】「できる人」の時間活用ノート』

【PHP文庫】
『中谷彰宏　仕事を熱くする言葉』
『入社3年目までに勝負がつく77の法則』

【オータパブリケイションズ】
『せつないサービスを、胸きゅんサービスに変える』
『ホテルのとんがりマーケティング』
『レストラン王になろう2』
『改革王になろう』
『サービス王になろう2』
『サービス刑事』

【あさ出版】
『気まずくならない雑談力』
『人を動かす伝え方』
『なぜあの人は会話がつづくのか』

【学研パブリッシング】
『決断できる人は、うまくいく。』
『会話力のある人は、うまくいく。』
『片づけられる人は、うまくいく。』
『怒らない人は、うまくいく。』
『ブレない人は、うまくいく。』
『かわいがられる人は、うまくいく。』
『すぐやる人は、うまくいく。』

『一流の仕事の習慣』(ベストセラーズ)
『仕事は、最高に楽しい。』(第三文明社)
『「反射力」早く失敗してうまくいく人の習慣』
(日本経済新聞出版社)
『伝説のホストに学ぶ82の成功法則』
(総合法令出版)
『富裕層ビジネス　成功の秘訣』
(ぜんにち出版)
『リーダーの条件』(ぜんにち出版)
『成功する人の一見、運に見える小さな工夫』
(ゴマブックス)
『転職先はわたしの会社』(サンクチュアリ出版)
『あと「ひとこと」の英会話』(DHC)

恋愛論・人生論

【ダイヤモンド社】
『なぜあの人は逆境に強いのか』
『25歳までにしなければならない59のこと』
『大人のマナー』
『あなたが「あなた」を超えるとき』
『中谷彰宏金言集』
『「キレない力」を作る50の方法』
『お金は、後からついてくる。』
『中谷彰宏名言集』
『30代で出会わなければならない50人』
『20代で出会わなければならない50人』
『あせらず、止まらず、退かず。』
『明日がワクワクする50の方法』
『なぜあの人は10歳若く見えるのか』
『成功体質になる50の方法』
『運のいい人に好かれる50の方法』
『本番力を高める57の方法』
『運が開ける勉強法』

中谷彰宏主な作品一覧

ビジネス

【ダイヤモンド社】
『50代でしなければならない55のこと』
『なぜあの人の話は楽しいのか』
『なぜあの人はすぐやるのか』
『なぜあの人の話に納得してしまうのか[新版]』
『なぜあの人は勉強が続くのか』
『なぜあの人は仕事ができるのか』
『なぜあの人は整理がうまいのか』
『なぜあの人はいつもやる気があるのか』
『なぜあのリーダーに人はついていくのか』
『なぜあの人は人前で話すのがうまいのか』
『プラス1%の企画力』
『こんな上司に叱られたい。』
『フォローの達人』
『女性に尊敬されるリーダーが、成功する。』
『就活時代しなければならない50のこと』
『お客様を育てるサービス』
『あの人の下なら、「やる気」が出る。』
『なくてはならない人になる』
『人のために何ができるか』
『キャパのある人が、成功する。』
『時間をプレゼントする人が、成功する。』
『ターニングポイントに立つ君に』
『空気を読める人が、成功する。』
『整理力を高める50の方法』
『迷いを断ち切る50の方法』
『初対面で好かれる60の話し方』
『運が開ける接客術』
『バランス力のある人が、成功する。』
『逆転力を高める50の方法』
『最初の3年その他大勢から抜け出す50の方法』
『ドタン場に強くなる50の方法』
『アイデアが止まらなくなる50の方法』
『メンタル力で逆転する50の方法』
『自分力を高めるヒント』
『なぜあの人はストレスに強いのか』
『スピード問題解決』
『スピード危機管理』
『一流の勉強術』
『スピード意識改革』
『お客様のファンになろう』
『大人のスピード時間術』
『なぜあの人は問題解決がうまいのか』
『しびれる仕事をしよう』
『しびれるサービス』
『大人のスピード説得術』
『お客様に学ぶサービス勉強法』
『大人のスピード仕事術』
『スピード人脈術』
『スピードサービス』
『スピード成功の方程式』
『スピードリーダーシップ』
『大人のスピード勉強法』
『一日に24時間もあるじゃないか』
『出会いにひとつのムダもない』
『お客様がお客様を連れて来る』
『お客様にしなければならない50のこと』
『30代でしなければならない50のこと』
『20代でしなければならない50のこと』
『なぜあの人の話に納得してしまうのか』
『なぜあの人は気がきくのか』
『なぜあの人はお客さんに好かれるのか』
『なぜあの人は時間を創り出せるのか』
『なぜあの人は運が強いのか』
『なぜあの人にまた会いたくなるのか』
『なぜあの人はプレッシャーに強いのか』

【ファーストプレス】
『「超一流」の会話術』
『「超一流」の分析力』
『「超一流」の構想術』
『「超一流」の整理術』

「本の感想など、どんなことでも、
あなたからのお手紙をお待ちしております。
僕は、本気で読みます。」

中谷彰宏

〒160-0023 東京都新宿区西新宿6-15-1 ラ・トゥール新宿511
水王舎気付 中谷彰宏行
※食品、現金、切手などの同封は、ご遠慮ください（編集部）

中谷彰宏は、盲導犬育成事業に賛同し、この本の印税の一部を（財）日本盲導犬協会に寄付しています。

【著者略歴】
中谷彰宏　（なかたに・あきひろ）
1959年、大阪府生まれ。早稲田大学第一文学部演劇科卒業。84年、博報堂に入社。CMプランナーとして、テレビ、ラジオCMの企画、演出をする。91年、独立し、株式会社中谷彰宏事務所を設立。ビジネス書から恋愛エッセイ、小説まで、多岐にわたるジャンルで、数多くのロングセラー、ベストセラーを送り出す。「中谷塾」を主宰し、全国で講演・ワークショップ活動を行っている。
■公式サイト　http://www.an-web.com/

「学び」を「お金」にかえる勉強

2015年９月10日　第一刷発行
2015年10月20日　第三刷発行
著　者　中谷彰宏
発行人　出口 汪
発行所　株式会社 水王舎
〒160-0023
東京都新宿区西新宿6-15-1 ラ・トゥール新宿511
電話　03-5909-8920
本文印刷　慶昌堂印刷
カバー印刷　歩プロセス
製本　ナショナル製本
ブックデザイン　井上祥邦
校正　斎藤 章
編集担当　田中孝行　大木誓子

ISBN978-4-86470-029-0 C0095